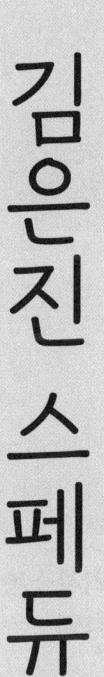

2027 특수교사임용시험 대비

김은진 스페듀 합격 노트

Vol. 1

의사소통장애

정서 · 행동장애

자폐범주성장애

김은진 편저

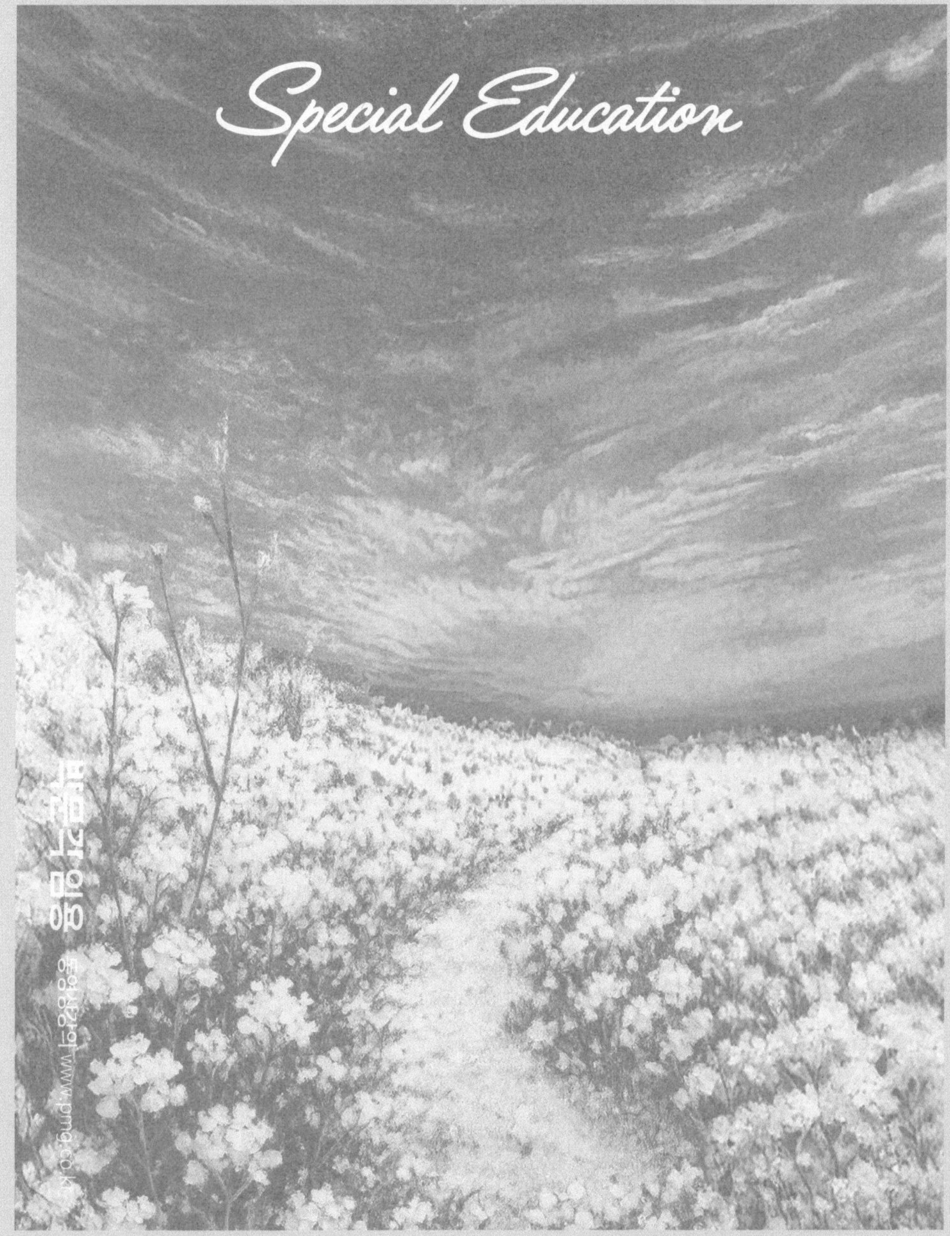
Special Education
박문각임용

정답 및 해설 미수록

정답 및 해설은
동영상강의(유료)로 제공

박문각

Contents

차 례

PART

02

정서 · 행동
장애

PART

03

자폐범주성
장애

김은진
스페듀
합격노트
Vol. 1

Special Education

01

의사소통장애

01 말(speech)

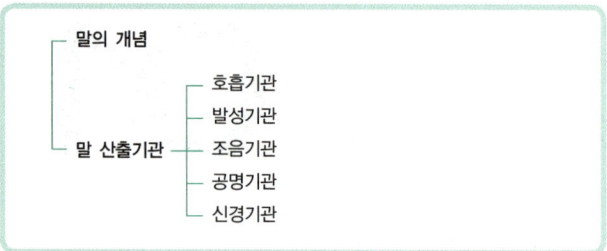

02 언어(language)

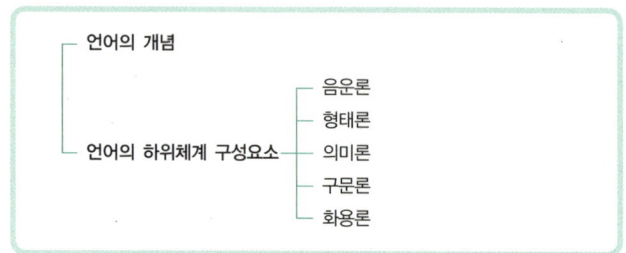

1. 말(speech)의 개념

① 호흡·발성·조음기관을 통해 산출되는 소리로, 의미가 없다면 말이 아닌 소리에 불과함

② _____ : 말소리 산출을 위해 필요한 근육활동에 문제가 있어 말소리를 산출하지 못하는 의사소통장애

2. 말 산출기관

호흡기관	• 공기를 허파 안으로 빨아들이는 호흡작용을 '흡기', 공기가 허파 밖으로 빠져나가는 호흡작용을 '호기'라고 함 • 발화를 할 때 흡기와 호기의 시간적 비율은 1:9 정도로 호기 시간이 길어짐
발성기관	• 폐 → 기도 → 후두 → 성대의 진동(목소리) • 성대접촉이 불충분할 경우에는 속삭이는 음성이 산출될 수 있으며, 지나치게 단단하게 접촉될 때는 쥐어짜는 억압된 음성이 산출됨
조음기관	'조음'이란 구강 안에서 모음과 자음들을 만드는 과정이며, 구강 내 조음기관에는 혀·입술·치아·치조·구개 등이 있음
공명기관	공명강에는 구강·비강·인두강이 있고, 이들은 소리의 생성이 아닌 소리의 특성에 영향을 줌
신경기관	중추신경계와 말초신경계로 구분됨

1. 언어(language)의 개념

① 생각과 정보를 전달하기 위한 상징의 조직적 체계 (음성언어, 문자언어, 촉각언어, 수어)

② 언어는 _____을 갖춰야 하며, 이를 _____으로 구분함

③ _____ : 모국어의 언어규칙을 제대로 사용하지 못하는 의사소통장애

④ 언어의 하위체계 구성요소

구성요소	언어의 하위체계	분석단위	정의
형태(형식)			말소리 및 말소리 조합을 규정하는 규칙
			단어의 구성을 규정하는 규칙
			단어의 배열, 문장의 구조, 서로 다른 종류의 문장 구성을 규정하는 규칙
내용			단어와 단어의 조합을 규정하는 규칙
사용			사회적 상황에서의 언어 사용과 관련된 규칙

✎ 구성요소들은 독립된 요소이면서도 서로 상호 연관된 관계

예 엄마 옆에 앉아 있던 아동이 지나가는 고양이를 보고 "엄마, 고양이"라고 말하는 것

2. 언어학의 하위체계 구성요소

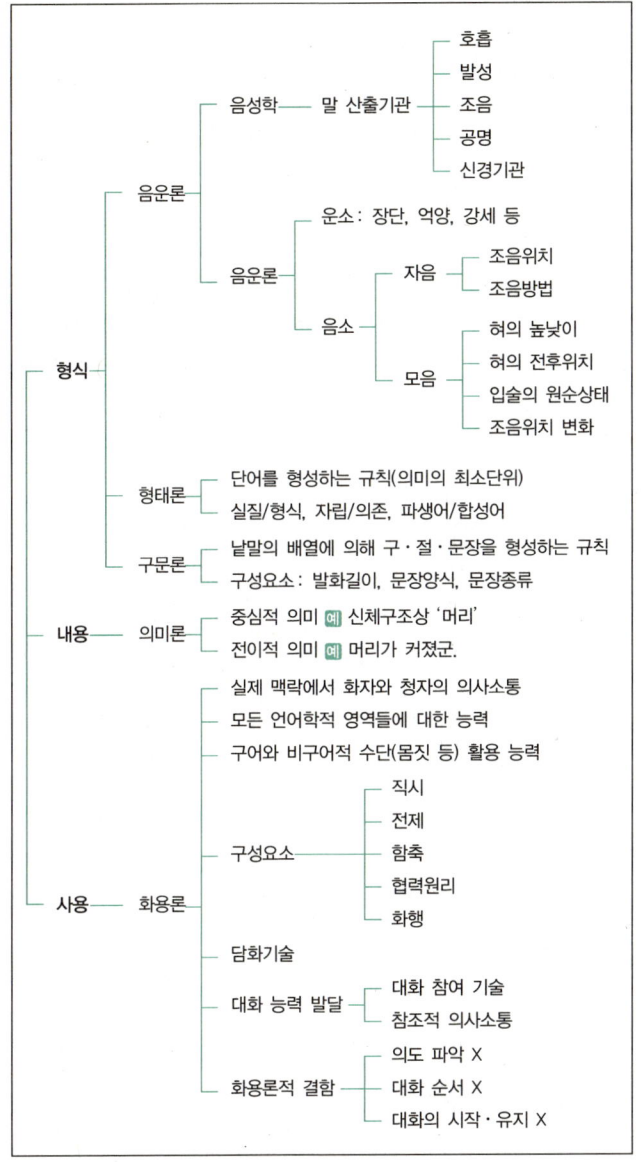

형식
- 음운론
  - 음성학 — 말 산출기관
    - 호흡
    - 발성
    - 조음
    - 공명
    - 신경기관
  - 음운론
    - 운소 : 장단, 억양, 강세 등
    - 음소
      - 자음
        - 조음위치
        - 조음방법
      - 모음
        - 혀의 높낮이
        - 혀의 전후위치
        - 입술의 원순상태
        - 조음위치 변화
- 형태론
  - 단어를 형성하는 규칙(의미의 최소단위)
  - 실질/형식, 자립/의존, 파생어/합성어
- 구문론
  - 낱말의 배열에 의해 구·절·문장을 형성하는 규칙
  - 구성요소 : 발화길이, 문장양식, 문장종류

내용
- 의미론
  - 중심적 의미 예 신체구조상 '머리'
  - 전이적 의미 예 머리가 커졌군.

사용
- 화용론
  - 실제 맥락에서 화자와 청자의 의사소통
  - 모든 언어학적 영역들에 대한 능력
  - 구어와 비구어적 수단(몸짓 등) 활용 능력
  - 구성요소
    - 직시
    - 전제
    - 함축
    - 협력원리
    - 화행
  - 담화기술
  - 대화 능력 발달
    - 대화 참여 기술
    - 참조적 의사소통
  - 화용론적 결함
    - 의도 파악 X
    - 대화 순서 X
    - 대화의 시작·유지 X

(1) 자음분류표-조음위치와 조음방법에 따른 분류

조음 방법 \ 조음 위치	양순음 (두 입술)	치조음 (잇몸)	경구개음 (센 입천장)	연구개음 (여린 입천장)	성문음 (목구멍)
폐쇄음	ㅂ, ㅍ, ㅃ	ㄷ, ㅌ, ㄸ		ㄱ, ㅋ, ㄲ	
마찰음		ㅅ, ㅆ			ㅎ
파찰음			ㅈ, ㅊ, ㅉ		
비음	ㅁ	ㄴ		ㅇ	
유음		ㄹ			

(2) 모음 삼각도

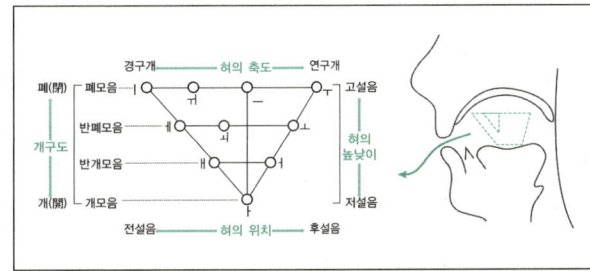

(3) 대화 참여 기술

말차례 주고받기 능력	말차례에서 나타날 수 있는 오류 : 중첩, 발화방향의 오류, 반응률 오류, 선행발화 연계 반응률 오류
대화 주제 관리 능력	• 대화 주제를 시작하는 능력(topic initiation) • 대화 주제를 유지하다가 잘 바꾸는 능력(topic change) • 대화를 자연스럽게 잘 끝내는 능력(topic termination)
의사소통 실패 해결 능력	• _____ : 말하는 사람 입장에서 발화를 수정하는 전략 예 반복, 개정, 첨가, 단서 추가 • _____ : 듣는 사람 입장에서 자신이 이해할 수 없었던 부분에 대해 수정해서 다시 말해줄 것을 요구하는 전략 예 일반적 요구, 확인을 위한 요구, 발화의 특별한 부분 반복 요구

03 의사소통(communication)

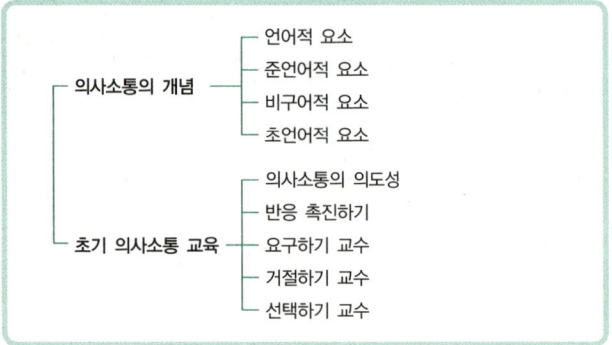

1. 의사소통의 개념

① 말과 언어를 포함해 정보와 감정·요구를 전달하는 행위(2인 이상의 상호관계)

② 성공적인 의사소통이 이루어지기 위해서는 언어적 요소, 준언어적 요소, 비언어적 그리고 초언어적 요소를 이해하고 사용하는 의사소통 능력을 갖추어야 함

언어적 요소	의사소통을 위한 말과 언어를 포함함
	억양, 강세, 속도, 일시적인 침묵 등과 같이 말에 첨가해 메시지를 전달함
	몸짓, 자세, 표정 등과 같이 말이나 언어에 의존하지 않고 메시지를 전달함
초언어적 요소 (metalinguistic)	언어 자체를 사고의 대상으로 해 언어의 구조나 특징을 인식하는 능력

③ _____ : 말과 언어에 어려움을 보이는 장애 (말장애와 언어장애를 포함함)

2. 초기 의사소통 교육

(1) 의사소통의 의도성

단계	시기	정의
전의도적 단계	0~9개월	목표 지향적이지 않고 별다른 의도성이 없는 단계로서 대화 상대자가 의미를 해석함
의도적 의사소통 단계	9~13개월	의도적으로 의사소통을 하기 위해 전 구어적인 몸짓이나 소리를 사용함
언어적 의사소통 단계	13개월 이후	참조적(지시적) 어휘를 사용해 의도적 의사소통 행동을 함

① Halliday는 언어이전기 의사소통의 기초적인 기능으로 _____ 을 제시함

② Bruner는 생후 첫해에 반드시 발달시켜야 하는 의사소통 기능으로 _____ 을 제시함

🔍 Bruner의 초기 의사소통 기능의 구분

구분	정의
행동 조절	• 다른 사람에게 무엇인가를 하게 하거나 하는 것을 멈추게 하기 위한 의사소통 기능 • 대상, 행동을 요구하거나 대상이나 행동에 저항하기 또는 거부하기 등을 의미함
사회적 상호작용	다른 사람을 바라보게 하거나 다른 사람의 주의를 끌려는 의도된 행동이 포함됨
공동관심	다른 사람과 함께 사물이나 활동을 공유하기 위해 관심 있는 사물이나 사건에 다른 사람의 관심을 끄는 의사소통 기능

(2) 반응 촉진하기

① 반응 촉진하기는 의사소통을 시작하는 단계에서 학생의 주의와 반응을 끌어내며, 더 많은 의사소통 시도를 이끄는 데 필요함

② 초기 의사소통 지도 시 반응 촉진 방법 : 대화 자세, 상호작용 빈도와 속도, 피드백, 무반응에 대한 대처 등

(3) 요구하기-거절하기-선택하기

① 요구하기 : 좋아하는 사물을 얻기 위한 수단으로 '요구하기'를 배움 → 환경을 통제하는 효과적인 기술, 실물·사진·그림상징·몸짓 등으로 표현 가능

② 거절하기 : 요구하기 기술과 함께 지도

③ 선택하기 : 2개 이상의 선택권을 주었을 때 그중 하나를 고르는 기술

형성평가

정답 및 해설은 동영상강의(유료)로 제공 ●

01 언어의 3가지 하위체계 구성요소와 언어학의 하위영역에 대해 설명하시오.

02 빈칸에 들어갈 내용을 쓰시오.

- 음운론 분석의 주성분: (㉠)
- 형태론 분석의 주성분: (㉡)
- 의미론 분석의 주성분: (㉢)
- 구문론 분석의 주성분: (㉣)
- 화용론 분석의 주성분: (㉤)

03 말 산출기관에서 ① 속삭이는 음성이나 ② 쥐어짜는 억압된 음성이 산출되는 이유를 각각 서술하시오. (단, 발성기관의 특정 부위와 관련지어 쓸 것)

04 말장애와 언어장애의 개념을 각각 서술하시오.

05 다음의 조건에 해당하는 자음의 분류를 서술하시오.

- 조음위치에 따른 분류
- 조음방법에 따른 분류

06 빈칸 ㉠과 ㉡에 들어갈 모음 분류 기준을 쓰고, 모음 사각도 안에 모음의 위치를 분류하여 쓰시오.

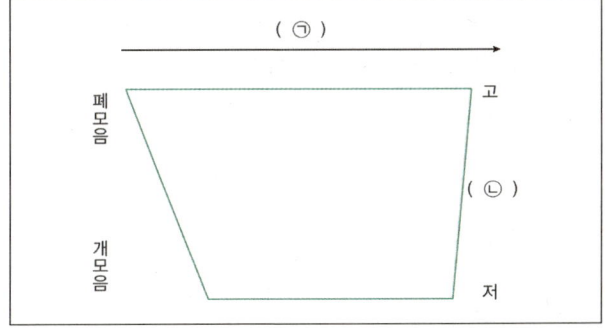

07 ① 형태론의 기본단위인 형태소의 개념을 서술하고, ② 빈칸에 들어갈 형태소의 유형을 각각 쓰고, ③ 각 유형의 예시를 1가지씩 쓰시오.

- (㉠)은/는 어근에 접사가 결합되는 형태로서, 어근은 단어의 중심 의미를 나타내는 부분이고, 접사는 단어의 부착적인 의미를 나타내는 부분임
- (㉡)은/는 두 개의 어휘형태소가 결합하여 새로운 단어를 이루되, 형성방식이 두 개 이상의 어근으로 만들어짐

08 구문론의 구성요소 3가지를 쓰시오.

09 화용론적 능력의 정의를 쓰고, 화용론적 결함을 가지고 있는 학생이 보일 수 있는 어려움의 예를 쓰시오.

10 전제와 함축의 정의를 서술하시오.

11 말차례(turn-taking)에서 나타날 수 있는 오류를 4가지 서술하시오.

12 대화 주제 관리 능력의 요소를 3가지 쓰시오.

13 다음의 밑줄에 해당하는 의사소통 전략을 각각 쓰시오.

> 두 사람 이상이 서로 대화할 때 의사소통 실패가 일어날 수 있는데, (㉠)은/는 말하는 사람 입장에서 자신이 무엇을 잘못 말했는지 분석해서 수정하거나, (㉡)은/는 듣는 사람의 입장에서 자신이 이해할 수 없었던 부분에 대해 수정해서 다시 말해줄 것을 요구해야 한다.

14 성공적인 의사소통이 이루어지기 위해서는 말과 언어와 같은 언어적 요소와 ㉠ 준언어적 요소, ㉡ 비언어적 요소 그리고 초언어적 요소를 이해하고 사용하는 의사소통 능력을 갖추어야 한다. 밑줄 친 ㉠과 ㉡의 예를 각각 2가지씩 쓰고, ㉠과 ㉡에 나타난 의사소통 요소의 차이점을 비교하여 쓰시오.

15 Halliday의 의사소통의 기초적인 기능 중 '도구적 기능', '조정적 기능'. '발견적 기능'의 개념을 각각 서술하시오.

16 Austin의 의사소통 발달단계 중 '전의도적 단계'와 '의도적 의사소통 단계'의 차이점을 서술하고, 의도적 의사소통 표현으로 확장하는 방법을 1가지 쓰시오.

17 브루너(Bruner)의 초기 의사소통 기능 3가지를 쓰시오.

> • (㉠) : 다른 사람과 함께 사물이나 활동을 공유하기
>   위해 관심 있는 사물이나 사건에 다른 사람의 관심을
>   끄는 의사소통 기능
> • (㉡) : 다른 사람에게 무엇인가를 하게 하거나 하는
>   것을 멈추게 하기 위한 의사소통 기능
> • (㉢) : 다른 사람을 바라보게 하거나 다른 사람의 주
>   의를 끌려는 의도된 행동

18 '요구하기' 기술의 중요성을 1가지 쓰고, 요구하기 기술을 사용하기 위해 학생에게 선행적으로 가르쳐야 할 기술 1가지와 그 기술의 구체적인 예를 1가지 쓰시오.

19 선택하기 기술의 개념을 서술하고, 선택하기를 지도하기 위해 교사가 사전에 파악해야 할 내용을 쓰시오.

20 선택하기 행동을 증가시킬 수 있는 가장 좋은 지도방법을 1가지 쓰시오.

21 선택항목을 구성할 때 1단계에서는 '좋아하는 것과 싫어하는 것'으로 구성하지 않아야 하는 이유를 서술하시오.

22 선택항목 구성의 4단계를 순서대로 쓰고, 선택하기에 어려움이 있는 학생을 위해 선택항목을 조정하여 제시하는 방법을 1가지 쓰시오.

의사소통장애의 정의 및 분류

학습목표 의사소통장애의 법적 정의와 분류를 설명할 수 있다.

01 「장애인 등에 대한 특수교육법」 정의

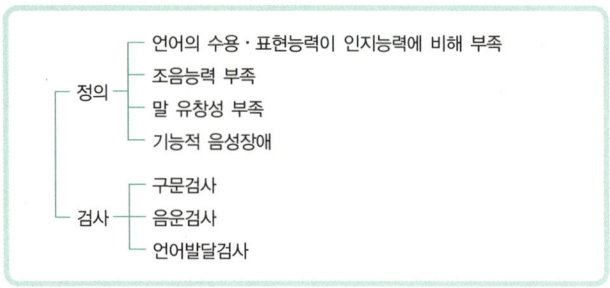

02 ASHA의 의사소통장애 분류

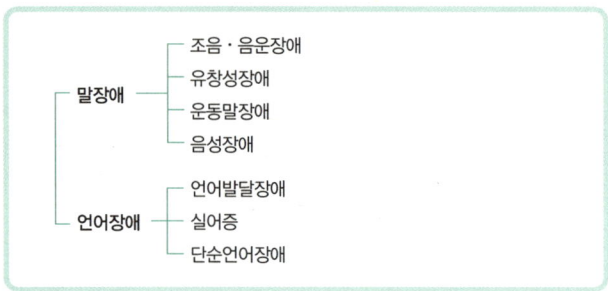

학습목표 조음 · 음운장애의 특징과 원인을 비교하고, 조음 · 음운장애 진단에 필요한 평가기준 6가지를 설명할 수 있다.

01 조음 · 음운장애의 이해

- 조음 · 음운장애의 정의 및 특징
- 조음 · 음운장애의 원인 ┬ 기질적 요인
                        └ 기능적 요인

1. 조음 · 음운장애의 정의 및 특징 비교

① 조음 · 음운장애는 _____로 구어 의사소통의 효율성이 떨어지는 경우를 말함

② 조음장애는 장애의 원인이 주로 화자의 _____ 차원에 있는 경우, 음운장애는 장애의 원인이 주로 화자의 _____ 차원에 있는 경우임

③ 조음장애와 음운장애의 오류 특징 비교

조음장애	음운장애
• 몇 개의 특정 음에서만 일관적인 오류 • 조음기관의 결함	• 복합적인 조음오류 • 비일관적 조음오류 　예 단어의 초성 'ㅅ'은 오조음을 보이나 종성 'ㅅ'은 정조음함 • 음운과정에서 일관적인 오류 　예 종성 'ㅅ'을 생략하는 오류를 보이는 아동은 항상 종성 'ㅅ'을 생략함 • 문맥이나 단어의 위치에 따라 오류가 나타남 • 음운지식이나 능력의 부족으로 정상적인 음운규칙을 사용하지 못하고 오류음운 패턴을 사용함 • 조음기관에 이상이 없지만 적절한 위치에서 소리 내지 못함 • 언어의 다른 부분도 지체됨

2. 조음 · 음운장애의 원인

① 기질적 원인(정확한 원인이 있는 조음 · 음운장애) :
_____

② 기능적 원인(정확한 원인이 없는 조음 · 음운장애) :
_____

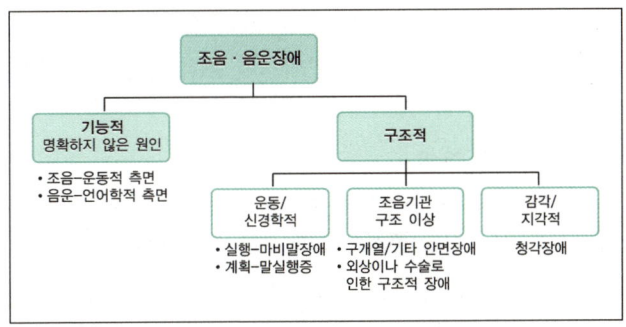

02 조음 · 음운장애의 평가

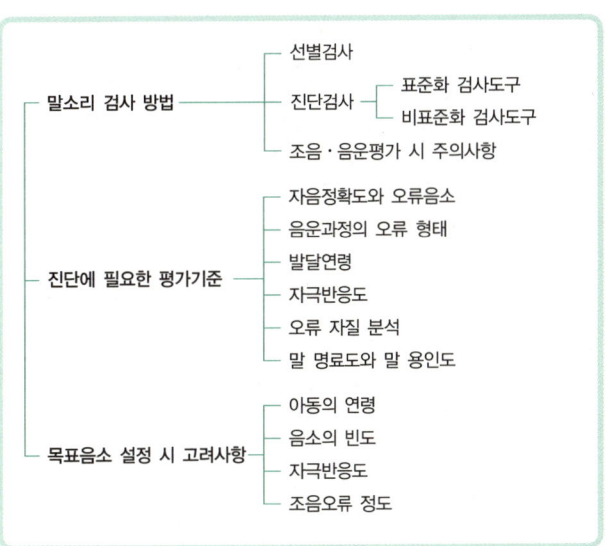

1. 표준화된 조음·음운 검사도구

(1) 우리말 조음·음운평가(U-TAP)

① 검사대상: _____

② 검사목적: 낱말 수준과 문장 수준으로 구성되어 있으며, 검사 결과 중 _____

③ 실시방법

　ㄱ 그림을 보여주고, 아동이 말하게 해 조음능력을 평가함

　ㄴ 대답하지 못하거나 표현이 70%에 도달하지 못한 경우 단서를 2번까지 제시 가능함

　ㄷ 검사를 실시한 후 오반응을 보인 어휘는 _____를 알아보기 위해 다양한 모방검사를 실시함

④ 결과 및 해석

　ㄱ 낱말 및 문장발음전사를 통해 어두초성, 어중초성, (어말)종성에서의 오류 분석을 실시함

　ㄴ 오류가 없는 경우 '+', 대치한 경우 대치음소, 왜곡한 경우 'D', 생략한 경우 '∅'를 기록함

　ㄷ −1 표준편차 이하인 경우 '조음치료 고려', −2 표준편차 이하인 경우 '조음치료 요망'으로 해석함

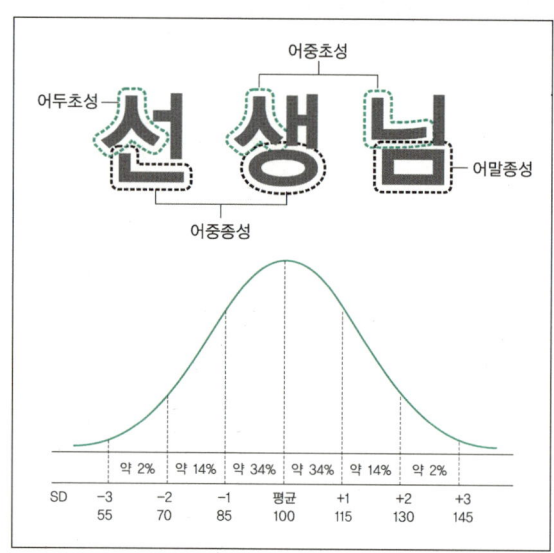

2. 비표준화된 조음·음운 검사도구

① 말 명료도 검사

　ㄱ _____ : 아동의 말 자료를 아동의 말에 익숙하지 않은 성인에게 들려주고 음운, 단어, 문장 수준에서 4점 또는 5점 척도로 평가해 평균점수를 산출

　ㄴ 말명료도(%, 전사법): 아동의 발화를 전사해 산출

$$\frac{}{} \times 100$$

② 자발화검사: 비표준화 검사로 아동의 평상시 언어 수준을 알 수 있음

③ 자극반응도 검사: 대상자가 오류를 나타낸 발음을 검사자의 시각적·청각적·촉각적 모델에 의해 바르게 발음하도록 유도하는 것으로, 자기교정 능력이 있는지를 확인하는 검사

3. 조음·음운 평가 시 주의사항

① 검사 전 조음기관의 이상이나 청력 이상 등 구조적 결함 여부, 인지기능의 결함, 다문화와 같은 사회문화적 배경요인 등을 파악해야 함

② 조음·음운능력을 평가하기 위해 표준화된 검사와 비표준화된 검사를 실시할 수 있음

　ㄱ 표준화된 검사를 실시할 경우 아동이 '맞음'과 '틀림'에 민감할 수 있으므로 반응기록지에 '×'나 '○'로 표기하지 않고, 중립적인 반응을 제공함

　ㄴ 조음·음운평가에서는 아동이 목표 낱말을 쉽게 산출하지 못한다면 모방하도록 하거나, 한번 더 말해 달라고 요청하는 것도 허용됨

③ 실제적인 조음·음운능력을 파악하기 위해서는 낱말 수준의 검사보다는 이야기 나누기 등의 활동을 통해 연결 발화를 수집·분석하는 것이 더 효과적임

④ 자극반응도를 알아보기 위해 다양한 모방검사 실시

　예 "잘 듣고 따라해 봐.", "입모양을 잘 보고 따라해 봐."

⑤ 교사는 검사를 하면서 발음을 수정해 주려고 하는 행동은 피해야 하며, 특히 아동이 시험보는 느낌을 받지 않도록 주의해야 함

4. 진단에 필요한 평가기준

① 자음정확도와 오류음소(개별음소의 조음오류 형태)

　㉠ 목표음을 얼마나 정확하게 산출했는지를 평가함

　㉡ 자음정확도(바르게 조음된 음소 수의 비율), 오류 음소(잘못 발음하는 음소 수의 비율)

조음오류 형태	내용 및 예시
	단어에서 특정 음소가 빠져 버리거나 음가 없이 발음되는 경우 예 [아과]
	필요 없는 음소나 음절이 삽입된 경우 예 [전우화]
	목표음이 다른 음으로 바뀌어 나오는 경우. 자신이 발음하기 어려운 음소를 발음할 수 있는 음소로 산출하는 것 예 [다당면]
	목표음소와 뚜렷하게 대치된 음소를 찾기 어려울 때 왜곡으로 간주함 예 [ʃagwa]

② 음운과정의 오류 형태

　㉠ 음운변동 : _____

　㉡ 장점 : 오류 음운변동 분석은 음소 정확도 분석으로는 찾을 수 없는 _____을 찾을 수 있음

　㉢ 국어의 자음분류표

위치 방법	양순음	치조음	경구개음	연구개음	성문음
폐쇄음					
마찰음					
파찰음					
비음					
유음					

　• 평음(이완음) : /ㄱ ㄷ ㅂ ㅅ ㅈ/

　• 격음(기식음) : /ㅋ ㅌ ㅍ ㅊ/

　• 경음(긴장음) : /ㄲ ㄸ ㅃ ㅆ ㅉ/

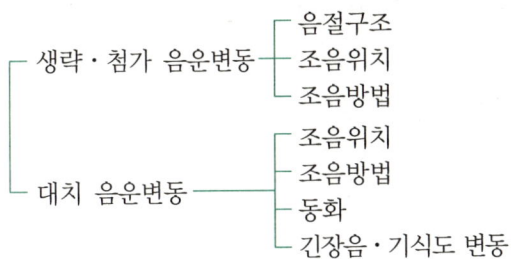

㉣ 음운오류 형태

예시 : '공부' → '동부', '도깨비' → '소깨비', '파도' → '바도'

③ 발달연령

　㉠ 정상 아동의 발달연령과 비교

　㉡ _____ 가장 빨리 습득(만 2세)

　㉢ ___(만 5세 이상), ___(만 6세 이상)

④ _____ : 오류를 보이는 음소에 대해 청각적·시각적·촉각적 단서나 자극을 주었을 때 목표 음소와 유사하게 반응하는 능력

⑤ 오류 자질 분석(변별 자질 분석) : 오류음소의 공통 자질을 분석함

⑥ 말 명료도와 말 용인도

　㉠ 청자의 주관적인 기준을 반영하는 평가지표

　㉡ 말 명료도는 화자의 의도 표현에 대한 청자의 _____의 정도를 의미하며, 말소리의 정확도가 크게 영향을 미침

　㉢ 말 용인도는 화자의 말에 대한 청자의 _____의 정도를 의미하며, 분절적인 측면과 함께 초분절적인 면에서 음도·음량·공명·억양·말속도 등에 대한 지각적인 평가가 같이 이루어짐

03 목표음소 설정 시 고려사항

① 아동의 ___령

② 한국어에서 사용되는 음소의 ___도

③ 아동의 ___극반응도

④ 조음___류를 보이는 정도(오류의 일관성, 오류의 형태 등)

형성평가

정답 및 해설은 동영상강의(유료)로 제공 ●

01 「장애인 등에 대한 특수교육법」에 근거하여 '의사소통장애' 선정 기준을 모두 쓰시오.

02 오류의 일관성 측면에서 조음장애와 음운장애를 비교하여 서술하시오.

03 조음·음운장애의 기질적 원인과 기능적 원인을 각각 3가지 쓰시오.

04 자음정확도 분석방법과 음운변동 분석방법의 차이점을 1가지 쓰시오.

05 말 명료도 검사에서 말 명료도 산출 방법 2가지를 서술하시오.

06 표준화된 조음·음운검사와 비교하여 자발화검사의 장점을 1가지 쓰시오.

07 자극반응도 검사의 방법과 목적을 각각 쓰시오.

08 조음·음운평가 시 아동의 실제적인 조음·음운능력을 파악하기 위해서 주의할 점 1가지를 서술하시오.

09 개별음소의 조음오류 형태 중 대치와 왜곡의 차이점을 서술하시오.

10 국어의 자음을 해당 분류표에 쓰시오.

조음 방법 \ 조음 위치	양순음 (두 입술)	치조음 (잇몸)	경구개음 (센 입천장)	연구개음 (여린 입천장)	성문음 (목구멍)
폐쇄음					
마찰음					
파찰음					
비음					
유음					

11 한국어 음소체계의 특징에 따라 다음의 사례에 공통적으로 나타난 조음오류 형태와 각각의 조음오류 유형을 쓰시오.

바른 조음 → 틀린 조음	조음오류 형태	조음오류 유형
① 가방 → 다방		
② 공 → 콩		
③ 고기 → 오기		

12 말 명료도와 말 용인도의 개념을 비교하여 서술하고, 두 지표에 대한 공통적인 평가의 특징을 1가지 쓰시오.

13 조음·음운장애 중재를 위한 목표음소 설정 시 우선적으로 고려할 사항을 4가지 쓰시오.

14 다음에 나타난 오조음의 유형을 모두 쓰시오.

> ㉠ 땅콩 → 강콩
> ㉡ 장구 → 장쿠
> ㉢ 풀 → 불

조음 · 음운장애(ㄹ)

학습목표 조음·음운장애의 중재방법을 전통적 접근법과 언어 인지적 접근법으로 나누어 설명할 수 있다.

04 조음 · 음운장애 중재방법

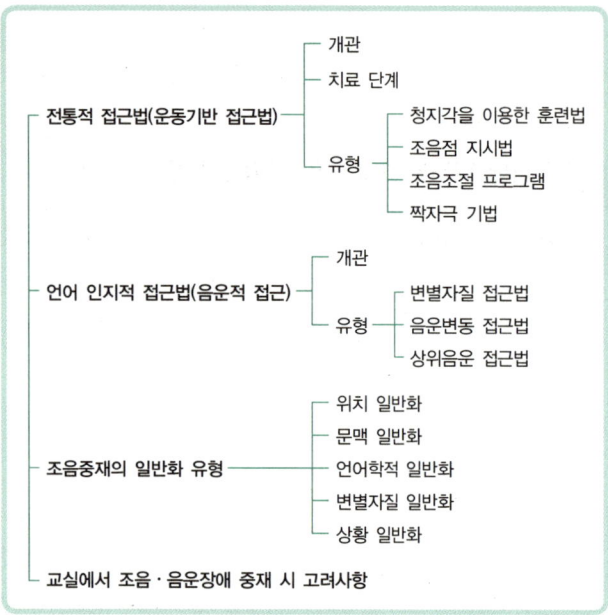

1. 전통적 접근법

(1) Van Riper의 전통적 치료기법

① 정의 : 청각적 변별훈련에서는 발음 지도에 앞서 청각적으로 자신의 오류 발음을 판별하고 목표음소를 다른 음소와 변별해낼 수 있도록 훈련함

② _____ 등 집중적 귀 훈련을 통해 체계적으로 확장함

③ 단계

단계	내용
확인	오조음과 목표음(정조음)을 확인함
비교	자신의 발음을 듣고 스스로 오조음을 인식함
변화	목표음이 형성될 때까지 조음방법을 변화시킴
수정	새로 학습한 조음방법을 확립함
안정	단어에서 사용되는 음소들을 다양한 입술과 혀의 위치에서 산출하도록 학습함

(2) 조음점 지시법

① 정의 : 설압자나 면봉 등을 이용해 조음점을 지적해주거나, 구강모형이나 그림 등을 사용해 입술과 혀의 위치를 지도함

② 제한점 : 개별음의 정확도는 높일 수 있으나, _____ _____를 중재하기는 어려움

(3) 짝자극 기법

① 정의 : 정확하게 산출할 수 있는 표적음소가 들어 있는 단어 하나(핵심단어)와 표적음소가 들어 있는 훈련단어들로 하나의 짝을 만들어 훈련하는 방법

② 핵심단어와 훈련단어의 조건

구분	핵심단어	훈련단어
공통점	• 아동이 이미 가지고 있는 어휘 목록 내에 있어야 함 • _____에 단 한 번 표적음을 내포해야 함. 이때 어두 또는 어말 위치에 적절한 단어가 없을 경우 어중 위치의 단어를 선택할 수 있음 • 구체적인 물질명사임	
차이점	목표음소가 포함된 10번 중 9번 정조음할 수 있는 단어	목표음소가 포함된 3번 중 2번 오조음을 보이는 단어

③ 하나의 말소리에 지나치게 집중하기보다는 정확히 산출하는 단어를 이용해 다른 단어로 자연스럽게 정조음이 전이되도록 함

④ 장점 : _____

⑤ 단점 : 핵심단어가 없어 일차적으로 핵심단어를 만들어야 할 경우 너무 많은 시간과 노력이 요구됨, 자연스러운 일상생활 상황을 반영하기에는 제한이 있음

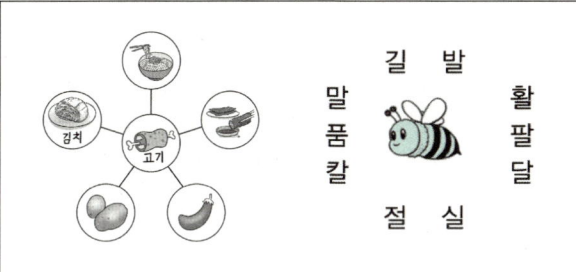

2. 언어 인지적 접근법(음운적 접근)

(1) 언어 인지적 접근법의 개관

① 정의: 전통적 접근법이 단일 음소에서 나타난 오류에 독립적으로 접근했다면, 언어 인지적 접근법에서는 언어의 공통적 요인에 주목함

→ 오류음의 음소를 음성적 측면에서 교정하는 것이 아니라 ＿＿＿＿＿＿ 요소에 관심을 갖고 ＿＿＿＿＿을 찾아서 교정하는 것

② 장점: 음소 정확도만으로 찾아내기 어려운 학생의 조음오류 양상을 찾을 수 있고, 그 오류 양상을 제거하면 ＿＿＿＿＿＿＿＿＿＿＿＿＿＿할 수 있음

(2) 변별자질 접근법

① 변별자질: 어떤 음성요소를 다른 음성요소와 구별하는 데 필요한 음운상의 특징

더 알아보기　음소의 변별자질별 분류

• 자음의 변별자질별 분류

주요자질	공명성, 자음성, 성절성
조음위치	설정성, 전방성
조음방법	지속성, 지연개방성, 설측성
발성유형	긴장성, 기식성

• 모음의 변별자질별 분류

주요자질	고설성, 저설성, 후설성
입술 관련	원순성

② 변별자질 접근법: 아동이 보이는 오류 패턴에 어떤 자질적인 특성이 있는가를 분석해 오류에 깔려 있는 ＿＿＿＿＿＿＿을 찾아 중재

→ /ㅅ/이 치료의 목표음이 되는 것이 아니라 /ㅅ/이 가진 변별자질에 초점을 두고 오류에 깔린 음운론적 양식 지도

③ 장점: 하나의 자질 오류를 개선하면 동일한 자질을 가진 음소들이 동시에 개선됨

예 /ㅅ/을 통해 [설정성+] → /ㄷ, ㅈ, ㅊ, ㅉ/ 개선

④ 최소대립쌍(최소대립자질)의 정의 및 조건

㉠ 정의: 말소리 하나를 교체함으로써 ＿＿＿＿＿＿이 생기는 음절이나 단어의 쌍

㉡ 조건 1: ＿＿＿＿＿＿＿＿＿＿＿＿＿＿＿＿＿

㉢ 조건 2: ＿＿＿＿＿＿＿＿＿＿＿＿＿＿＿＿＿

예 '강'-'방', '불'-'발', '오리'-'고리'

⑤ 단계

확인 단계	아동이 치료에 사용될 어휘의 개념을 아는지 확인함
변별 단계 (수용 훈련)	• 단어를 직접적으로 들려주고 그 단어를 찾도록 훈련함 • 이 단계에서는 아동이 직접적으로 목표단어를 산출하지 않아도 되므로 수용 훈련으로 설명할 수 있음. 즉, 이 단계의 훈련 목적은 목표단어를 듣고 찾을 수 있는 능력을 갖추게 하는 것임
훈련 단계 (발음 훈련)	목표자질이 포함된 단어를 직접적으로 산출하는 것. 이 단계에서는 아동이 단어를 말하고 교사는 아동이 말한 단어를 지적함
전이-훈련 단계	아동이 표적단어를 발음할 수 있게 되면 길고 복잡한 문장에서 훈련함

(3) 음운변동 접근법

① 음운변동: 음운발달이 진행되는 과정에서 발음을 편리하게 하기 위해 음운체계를 수정·단순화

예 안+밖 → 안팎

② 특정 음소 정확도만으로 찾아내기 어려운 아동의 ＿＿＿＿＿＿＿＿＿을 찾아 비정상적인 음운변동을 제거

③ 장점: 한 번에 여러 개의 오류음을 동시에 수정해, 개별 조음오류 현상에 접근하는 것보다 일반화 가능성이 높아짐

④ 변별자질 접근법과 음운변동 접근법은 모두 개별 음소를 목표로 하지 않으며, 반응 일반화가 용이하다는 장점(공통점)을 가짐

3. 조음중재의 일반화 유형

	단어 안의 특정 위치에서 다른 위치로 일반화하는 것으로, 특정 음소를 어두 초성에서 산출하는 것을 배운 후 어중 또는 어말에서도 바르게 발음함
	음성적 환경으로의 일반화로서, 특정 음소를 모음 /ㅣ/ 앞에서 산출하는 것을 배운 후 다른 모음 앞에서도 바르게 발음함
	독립된 말소리에서 음절, 단어, 구 그리고 문장 등 복잡성이 증가해 가는 언어학적 단위로의 일반화로서 그, 저, 거 등을 학습한 후 '그네', '저울', '그네를 타고 싶어요.' 등의 단어와 문장에서도 바르게 발음함
	특정 변별자질을 공유한 말소리의 일반화로서 특정 음소, 예를 들면 /ㄱ/을 산출하는 법을 배운 후 동일한 변별자질을 가지고 있는 음소도 바르게 발음함
	구조화된 장소에서 학습한 후 가정이나 일상생활에서도 바르게 발음함

형성평가

정답 및 해설은 동영상강의(유료)로 제공 ●

15 Van Riper의 전통적 치료 단계를 순서대로 쓰고, 각 단계의 활동을 간략하게 서술하시오.

19 짝자극 기법의 핵심 특성을 조음점 지시법과 비교하여 서술하시오.

16 짝자극 기법에서 핵심단어와 훈련단어가 공통적으로 갖춰야 할 조건을 쓰시오.

20 짝자극 기법과 다른 전통적 기법의 차이점을 1가지 쓰시오.

17 짝자극 기법에서 핵심단어와 훈련단어의 차이점을 비교하여 설명하시오.

21 ① 조음점 지시법의 2가지 방법을 서술하고, ② 조음점 지시법의 장점과 단점을 각각 1가지 쓰시오.

18 표적음소 /ㄱ/을 지도하기 위해 짝자극 기법 초기 단계에서 핵심단어로 '구속'이 적절하지 않은 이유를 1가지 쓰시오.

22 전통적 접근법과 비교하여 언어 인지적 접근법의 장점을 1가지 쓰시오.

23 언어 인지적 접근의 치료원리의 공통점을 3가지 쓰시오.

24 변별자질 접근법에서 최소대립쌍의 정의를 서술하고, 최소대립쌍의 조건을 2가지 쓰시오.

25 치조음–연구개음 단어를 활용하여 최소대립쌍의 예를 1가지 쓰시오.

26 변별자질 접근법의 4단계를 간략히 설명하시오.

27 음운변동 접근법의 장점을 쓰시오.

28 변별자질 접근법과 음운변동 접근법은 모두 개별 음소를 목표로 하지 않으며, (㉠)이/가 용이하다는 장점을 갖는다. 괄호 안의 ㉠에 들어갈 일반화의 유형을 쓰시오.

29 조음중재 시 고려해야 할 아래 일반화의 유형을 간략히 설명하시오.

- 위치 일반화
- 문맥 일반화
- 상황 일반화

30 아래에서 설명하는 조음중재의 일반화 유형을 쓰시오.

독립된 말소리에서 음절, 단어, 구 그리고 문장 등 복잡성이 증가해 가는 언어학적 단위로의 일반화이다.

31 다음의 음운변동 규칙의 유형을 각각 쓰시오.

> - (㉠) : '낳다', '낮다', '낫다'는 모두 /낟다/로 발음됨
> - (㉡) : '국물'은 /궁물/로 발음됨
> - (㉢) : '굳이'는 /구지/, '같이'는 /가치/로 발음됨
> - (㉣) : '좋고'는 /조코/로, '잡히다'는 /자피다/로 발음됨
> - (㉤) : '국수'는 /국쑤/, '학교'는 /학꾜/로 발음됨

32 다음은 조음중재에서 우선적으로 지도할 목표음소를 선정하기 위한 일반적 고려사항이다. 빈칸에 들어갈 내용을 서술하시오.

> - 아동의 발달단계에서 습득시기가 (㉠) 음소를 우선한다.
> - 일상생활에서 사용 빈도수가 (㉡) 음소를 우선한다.
> - 아동이 치료 상황에서 자극반응도가 (㉡) 음소를 우선한다.
> - 오류가 (㉢) 음소를 우선한다.

Chapter

04 유창성장애

학습목표 말더듬장애의 개념·원인·특성을 알고, 말더듬장애의 중재법으로 '말더듬 수정법'을 설명할 수 있다.

---

01 유창성장애

말의 흐름이 자연스럽지 않아서 말의 내용보다는 그 사람의 말이 갖는 리듬 자체에 집중하게 되는 것으로, _____과 _____으로 나눔

02 말더듬장애의 개념·원인·특성

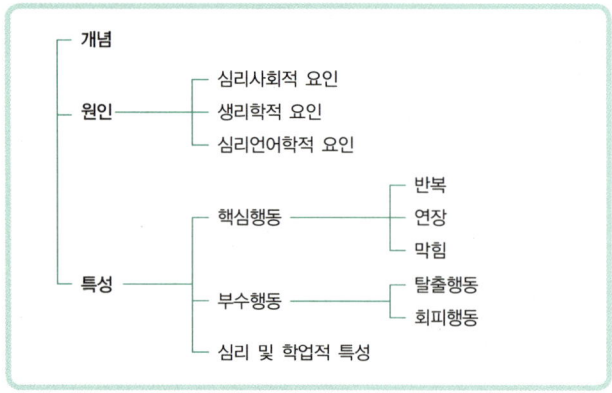

- 개념
- 원인
  - 심리사회적 요인
  - 생리학적 요인
  - 심리언어학적 요인
- 특성
  - 핵심행동
    - 반복
    - 연장
    - 막힘
  - 부수행동
    - 탈출행동
    - 회피행동
  - 심리 및 학업적 특성

1. 말더듬장애의 개념 및 원인

① 정의: 음, 음절, 단어 등이 의도하지 않은 반복, 연장, 막힘 등의 방해로 말의 흐름이 수시로 깨어지는 것

② 원인(심리언어학적 요인): 말더듬 증상이 나타나는 _____에 초점

음운론적 측면	• _____ • 모음보다 자음에서 더 자주 더듬음 • 특정 음에서 특히 말을 자주 더듬음 • 폐쇄음이나 파찰음에서 ____ 자주 나타남 • 마찰음에서는 ____ 자주 나타남

2. 말더듬장애의 특성

① 핵심행동: 초기 말더듬에서 나타남(1차적 증상)

말더듬 심화 →

- ㉠ _____ : 음소, 음절, 단어 등을 1회 이상 되풀이 예 ㅂㅂ바다
- ㉡ _____ : 소리나 공기의 흐름은 계속되나, 한 소리에 머묾 예 바ーー다
- ㉢ _____ : 조음의 포즈는 취하고 있지만 소리가 나지 않음 예 ーー바다

② 부수행동: 핵심행동에 대한 반응으로 나타남(2차적 증상)

㉠ 탈출행동: _____
_____

㉡ 회피행동: _____
_____

🔍 회피행동의 유형

순서 바꿔 말하기	문장 안에서 순서를 바꾸어 말함
대용어 사용하기	명사 대신 대명사 등을 사용함
간투사 사용하기	어려운 단어 앞에 "어", "그", "음" 등의 무의미한 말소리를 넣음
에둘러 말하기	말을 더듬을 확률이 높은 단어 대신 다른 단어를 사용함
동의어로 바꿔 말하기	똑같은 의미를 가지고 있는 단어로 바꿔 말함
상황회피	전화벨이 울리면 얼른 화장실 가는 척 하거나 끊어 버림
사람회피	전혀 대화에 싫지 않다는 듯 눈을 마주치지 않거나 딴전을 부림

③ 심리적 특성: _____

03 말더듬장애의 진단검사

```
진단검사 ─┬─ 표준화된 검사 요소
          └─ 진단검사 도구 ─┬─ 말더듬 정도 평가도구(SSI-3)
                            └─ 파라다이스-유창성 검사(P-FA)
```

1. 비표준화 검사의 주안점

① 어떤 상황에서 말더듬의 증상이 심해지고 약해지는가?

② 탈출행동이 어떻게, 어느 정도 나타나는가?

③ 아동의 대표적인 말더듬 특성은 무엇인가?(말을 특별히 더듬는 발화지점, 말을 특별히 더듬는 단어, 말을 특별히 더듬는 대상 등)

④ 자신의 말더듬에 대해 본인이 어떻게 느끼고 있는가?

2. 표준화된 검사 요소

① 말을 더듬는 비율

② 말을 더듬는 시간

③ 부수행동

3. 파라다이스-유창성 검사(P-FA)

① 대상 : 취학 전 아동/초등학생/중학생 이상

② 검사 구성 : 구어평가, 의사소통태도 평가

② 검사 결과 : 백분위점수, 말더듬 정도(정상/중간/심함)

04 말더듬장애의 치료 접근법

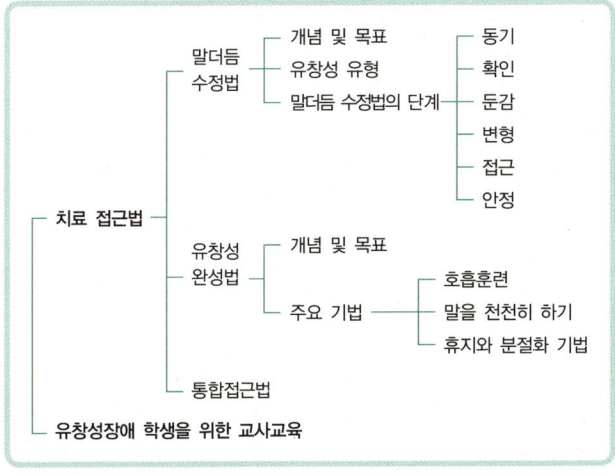

1. 말더듬 수정법

① 개념 : 말을 더듬는 순간에 화자가 가능한 한 긴장과 투쟁 없이 말을 더듬는 방법을 지도함

② 목표 : _____

③ 유창성 유형(계속성/속도/리듬감/노력) :

④ 단계(MIDVAS 단계) : 동기 → 확인 → 둔감 → 변형 → 접근(수정) → 안정

🔑 접근(수정) 기법

취소 기법	말을 더듬을 때 그 말을 더듬어서 끝낸 후, 잠시 말을 쉬었다가 다시 그 낱말을 편안하게 시도하는 것. 이때 치료사는 더듬는 말을 완전히 끝내는지 확실히 해주고, 말을 더듬는 순간에 멈추지 않게 함. 이를 통해 아동이 자신의 말더듬을 분석하고 동시에 자신을 안정시키면서 잠시 멈춤을 가진 뒤 다시 쉽게 말하게 함 예 저는 서서서서울역 ……(멈춤)…… *서울역으로 갑니다.
이끌어 내기	아직 말을 더듬는 상황에 있을 때 그 나머지 말을 쉽게 이끌어내는 것 예 저는 서서서*서울역으로 갑니다.
준비 하기	자신이 공포를 느끼거나 말을 더듬을 것으로 예상되는 낱말에서 천천히 쉽게 시작하고 조절하는 것 예 저는 *서울역으로 갑니다.

> **더 알아보기 취소하기와 이끌어내기 기법의 차이점**
>
> • **취소기법** : 막혔던 단어에서 말하기를 멈춤. 말하기를 멈추는 쉼 단계에서는 긴장된 구어 메커니즘을 이완시키고 스스로 문제점을 재검토하고 변화시켜야 함. 집중적으로 자신의 말더듬을 성찰한 후에 더듬었던 단어를 다시 시도하되, 이때에는 처음과는 다른 방식으로 단어를 발화해야 함
>
> • **이끌어내기(말소) 기법** : 말을 더듬는 순간을 수정하는 전략으로서, 느린 속도와 이완된 상태를 되찾아가면서 부드럽고 천천히 연장된 느낌으로 단어를 끝까지 말하는 것. 말이 경직된 상태로 시작되면 의도적으로 더듬은 말이 부드럽게 빠져나간다는 느낌으로 문장을 이어나가는 것이 중요함

2. 유창성 완성법

① **개념**: 말에 대한 공포나 회피를 직접적으로 중재하지 않고 체계적인 유창성 수립에 중점

② **목표 유창성 유형**:

_____

③ **주요 기법**
  ㉠ 호흡훈련
  ㉡ 말을 천천히 하기(DAF 기기의 활용)
  ㉢ 휴지와 분절화 기법

3. 유창성장애 학생을 위한 교사교육

① 말을 더듬어도 괜찮다는 허용적 분위기를 조성해 줌

② 모르는 질문에 대한 답을 할 때 말더듬의 빈도가 높아지므로 예상치 못한 질문은 피하는 것이 좋고, 다른 아동에게 먼저 질문함으로써 아동이 준비할 수 있는 시간을 줌

05 말빠름증(속화)

```
┌ 개념
├ 특징
└ 치료 접근법
```

① **정의**: 말의 속도가 너무 빨라서 말의 유창성이 깨어진 경우

② **특징**: 빠르고 불규칙적인 구어 비율, 비조직적 문장 구조, 단어와 구의 반복, 조음오류, 스코핑, 스프너리즘, 말라프로프리즘, 제한된 어휘, 장황한 발화, 단조로운 억양 등의 구어 문제가 나타남

스코핑 (scoping)	두 개 이상의 단어를 축약해서 발화 예 내가 어제 집에 갈 때 그랬다 → 내어 집가따
스프너리즘 (spoonerisms)	두 개 이상의 단어에서 어두음을 무의식적으로 바꾸어서 발화 예 바지 다려 → 다지 바려
말라프로프리즘 (malaproprisms)	문장에서 단어를 우스꽝스럽게 잘못 사용하거나 부정확하게 사용하는 것

③ **말더듬장애와의 차이점**: 자신의 언어문제를 의식하지 못해 치료동기를 갖기 어려움

④ **치료 접근법**
  ㉠ 천천히 말하도록 요구하기
  ㉡ 대화상대자가 말을 천천히 하는 모델링 보여주기
  ㉢ 자기모니터링 기법

형성평가

정답 및 해설은 동영상강의(유료)로 제공

01 말더듬장애의 심리언어학적 원인론 중 '음운론적 측면'과 '형태론적 측면'의 특징을 2가지씩 쓰시오.

02 말더듬의 핵심행동 3가지를 서술하시오.

03 부수행동의 유형 2가지를 쓰고, 차이점을 비교하여 설명하시오.

04 말더듬 수정법의 MIDVAS 6단계를 순서대로 쓰시오.

05 말더듬 수정법의 '접근' 단계에서 지도하는 3가지 기법을 간략히 서술하시오.

06 말더듬에 대한 불안과 긴장이 높은 학생에게 말더듬 수정법이 효과적인 이유를 서술하시오.

07 말더듬 수정법에서 목표로 하는 유창성 유형을 '유창성 완성법'과 비교하여 서술하시오.

08 말더듬장애를 가진 학생에게 교실에서 질문 시 유의할 점을 2가지 쓰시오.

09 파라다이스 유창성 검사(P-FA)의 구성요소 2가지를 쓰시오.

10 말더듬과 말빠름증의 특징을 '유창성 문제에 대한 인식' 측면에서 비교하여 서술하고, 이에 근거한 말빠름증의 주요 중재방법과 그 이유를 쓰시오.

운동말장애

학습목표 운동말장애의 정의, 특성, 중재방법에 대해 설명할 수 있다.

01 마비말장애

> ┌ 정의 및 특성
> └ 치료

① **정의**: 중추 및 말초신경계의 손상으로 인한 말 기제의 _____로 나타나는 말장애

② **특징**: 일관된 조음오류를 보임

③ **치료**: 산출체계별(호흡, 발성, 공명, 조음, 말 속도, 운율 등) 중재를 실시

02 말실행증

> ┌ 정의 및 특성
> └ 치료

① **정의**: 후천적인 뇌손상으로 인한 근육의 마비나 약화현상 없이 _____하거나 일련의 조음운동을 체계적으로 수행하는 데 어려움을 나타내는 말장애

② _____ : 발화 시 입술을 끊임없이 움직이면서 정확한 조음의 위치나 방법을 찾는 듯한 현상

③ **치료**: 반복연습, 집중적인 훈련, 조음 정확도 중재 등

Chapter 06 음성장애

학습목표 음성장애의 정의, 특성, 중재방법에 대해 설명할 수 있다.

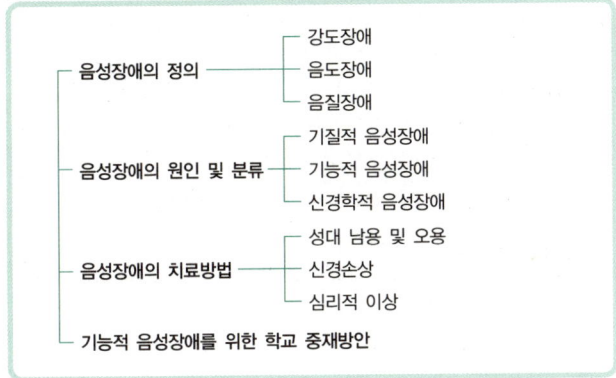

1. 정의

기질적 또는 기능적 원인으로 강도(_____), 음도
(_____), 음질(_____) 중 한 가지 이상
이 정상범위에서 벗어날 때 음성장애라고 함

2. 원인 및 분류

① **기질적 음성장애** : 발성기관의 구조적 손상이나 기질
적 질병에 의한 음성장애 예 후두암

② **_____** : 성대의 잘못된 사용(오용)이나
음성 과기능(남용)으로 인한 음성장애
예 성대결절, 성대폴립

③ 신경학적 음성장애 예 성대마비

3. 치료방법

① 성대 오·남용으로 인한 음성장애 치료방법

㉠ **직접 치료** : 저작하기, 하품-한숨 기법, 부드러
운 시작, 노래조로 말하기 기법 등

㉡ **간접 치료** : 음성위생교육(정상적인 음성 유지,
성대 남용 습관 제거 등)

② 편측성 성대마비 치료방법(밀기 접근법)

목적	아동이 손으로 벽이나 책상을 밀면서 발성하게 함으로써, 마비되지 않은 성대를 마비된 쪽의 성대 대신 평상시보다 더 움직이게 하여 성대의 접촉을 돕는 것
효과	성대 이외의 힘을 성대로 이동시켜 성대 후반부의 접촉과 가성대의 접촉이 일어나며, 성대 접촉 시간을 증가시킴

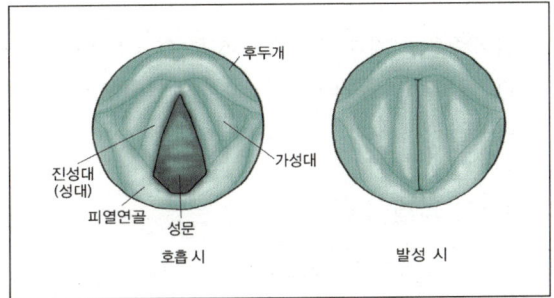

4. 기능적 음성장애를 위한 학교 중재방안

① 학급 안의 소음을 줄임

② 교실 내에서 음성 오·남용을 줄일 수 있는 방법 개발

③ 생수를 자주 마실 수 있도록 교실에 비치해둠

07 실어증

학습목표 실어증의 정의, 특성, 유형에 대해 설명할 수 있다.

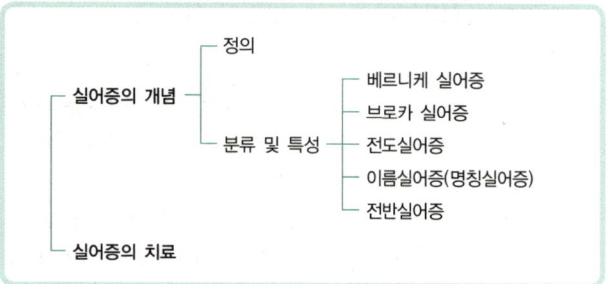

1. 정의

실어증은 신경계 손상으로 인한 후천적 언어장애로, 듣기·말하기·읽기·쓰기 네 가지 언어영역 모두에서 어려움이 관찰됨

2. 4가지 과제 수행력에 따른 분류

구분	베르니케 실어증	브로카 실어증	이름 실어증
유창성			
청각적 이해력			
따라말하기 능력			
이름대기 능력			

3. 베르니케 실어증 vs 브로카 실어증

① _____ : 문장 내의 단어 배열이 제대로 되지 않으며 문장이 교착되는 현상

② _____ : 전보식 문장과 같이 발화가 짧고 문장에서 꼭 필요한 내용어만 열거하는 식의 발화

4. 베르니케 실어증 관련 용어

언어 상동증	청각적 이해력이 떨어질수록 여러 가지 질문에 거의 비슷한 문구만을 되풀이해 반응하는 현상 예 "어디가 가장 불편하세요?"라고 물었을 때 "할머니가 돌아가셨어, 할머니가."라고 대답하고 검사하는 내내 다른 질문에도 계속해서 비슷한 문구로 반응

과유창성	지나치게 많은 말을 늘어놓는 것. 대화 또는 그림을 설명할 때 비교적 유창하게 말함. 대개 정상적인 운율이나 발음을 유지하고 비교적 문법에 맞게 말을 하나, 기능어를 과도하게 사용하는 경향을 보이기도 함
의미착어	목표단어 대신 그 단어와 의미적으로 연관된 단어로 대치된 발음을 하는 것 예 '딸기'를 '사과'라고 말하는 경우, '과일'이라는 공통된 의미범주에 속한 단어로 대신 발음한 것임
음소착어	• 목표 단어의 일부 음소를 다른 음소로 대치해 반응하는 것 예 '장화'를 '갑화', '소화기'를 '소자기'라고 함 • 음소착어 반응이 우연히 다른 일정한 의미를 지니고 있는 실제 단어로 대치되는 타단어화 음소착어(형식착어)가 있음 예 '목발'을 '목침'이라고 하는 경우
신조착어 (신조어)	목표단어와 그 의미와 발음이 전혀 유사하지 않고 그 나라말의 어휘에도 속하지 않는 반응 예 '가위'를 '열비'라고 한다든지 '명함'을 '짐매'라고 하는 경우
자곤	명료하지 않은 태도로 웅얼거리는 발화
자가수정	자가수정이 거의 관찰되지 않음
언어 하위영역	읽기 과제를 주었을 때 전혀 읽지 못하거나, 비록 소리 내어 약간 읽을 수 있더라도 그 의미를 이해하지 못하는 경우가 많음. 또한 쓰기 수행력도 상당히 저하되어 있음
이름대기 장애	말하고자 하는 단어가 떠오르지 않아 둘러 말하기를 사용함
실서증	신경쓰기장애로서 쓰기 능력이 상실되는 경우
실독증	신경읽기장애로서 읽기 능력이 상실되는 경우
보속증	바로 앞에서 발음된 말소리나 단어를 반복해 말함

형성평가

정답 및 해설은 동영상강의(유료)로 제공 ●

01 모색행동(현상)에 대하여 설명하시오.

02 편측성 성대마비 학생에게 필요한 치료방법을 1가지 쓰고 간략히 설명하시오.

03 음성을 과도하게 사용하는 학생을 위해 적용할 수 있는 치료기법을 직접 치료와 간접 치료로 나누어 각각 설명하시오.

04 성대를 습관적으로 남용하는 학생을 위해 특수교사가 할 수 있는 교실 내의 물리적 환경 개선방안을 1가지 쓰시오.

05 베르니케 실어증과 브로카 실어증의 차이점을 ① 4가지 과제 수행력과 ② 문법적 특징 측면에서 비교하여 서술하시오.

06 다음 각 용어의 개념에 대하여 서술하시오.

① 의미착어
② 음소착어
③ 타단어화 음소착어
④ 자곤
⑤ 언어상동증
⑥ 보속증

07 다음 빈칸에 해당하는 용어를 쓰시오.

• (㉠) : 발화가 짧고 문장에서 꼭 필요한 내용어만 열거하는 식의 발화
• (㉡) : 문장 내의 단어 배열이 제대로 되지 않으며 문장이 교착되는 현상

단순언어장애

단순언어장애의 정의, 언어적 특성 그리고 언어중재 프로그램에 대해 설명할 수 있다.

01 **단순언어장애의 정의**

① 단순언어장애란 감각적·신경학적·정서적·인지적 장애를 전혀 가지고 있지 않고 언어발달에만 문제를 보이는 경우를 말함

② 일차적으로 수용언어나 표현언어상의 심각한 결함을 보이는 발달적 언어장애

더 알아보기 **단순언어장애로 진단되기 위한 조건**

• 표준화된 언어검사에서 _____ 이하에 속하는 정도의 발달지체를 보임
• 비언어성 지능검사에서 정상범주에 속함
• 지적장애나 자폐, 뇌성마비, 청각장애, 구강구조나 신경학적 및 사회정서적 영역에서 결함을 가지고 있지 않음

---

02 **단순언어장애의 언어적 특성**

┌ 음운론적 영역
├ 의미론적 영역
├ 구문론적 영역
└ 화용론적 영역

1. 음운론적 영역

① 기질적으로는 문제가 없음에도 불구하고, 문장 내에서 음운상의 오류를 자주 보이는 특성이 있음

② 음운규칙과 음운변동 현상을 이해하고 정확하게 발음하는 데 어려움을 갖는, _____에 해당함

2. 의미론적 영역

① 어휘적 특성

㉠ 초기 낱말 산출뿐 아니라 이후의 어휘발달에서도 지체를 보임

㉡ 빠른 이름 연결하기 능력(fast mapping) 부족

• 새로운 낱말을 습득할 때 사용하는 전략
• 사물에 대한 _____에 의존해 새로운 낱말의 뜻을 추측하거나 학습하는 것
• 어떤 낱말을 제한된 노출만으로 그 낱말과 참조물(사물이나 동작)의 관계를 빠르게 연결하는 것
• "운전하는 운전수", "운동하는 _____"

㉢ 낱말찾기(word-finding)에 어려움

• 낱말찾기 장애는 어떤 상황이나 자극이 주어졌을 때 특정한 낱말을 빠르고 정확하게 산출하는 데 어려움
• 필요한 때 낱말을 찾아내지 못하기 때문에 머뭇거림이나 에둘러 표현하기, 구체적이지 않고 모호하게 표현하기와 같은 행동들을 보임

② 의미관계적 특성: 단순언어장애는 일반아동에 비해 낱말조합에서 더 적은 수의 의미관계를 산출함

3. 구문론적 영역

문법형태소 사용에 취약, 비문 산출 등

4. 화용론적 영역

① 명료화 요구와 발화수정 전략이 일반아동보다 지체됨

② 전제·참조적 기능·추론 능력 등에 어려움, 의사소통 실패 해결능력이 부족함

03 단순언어장애 언어중재 프로그램

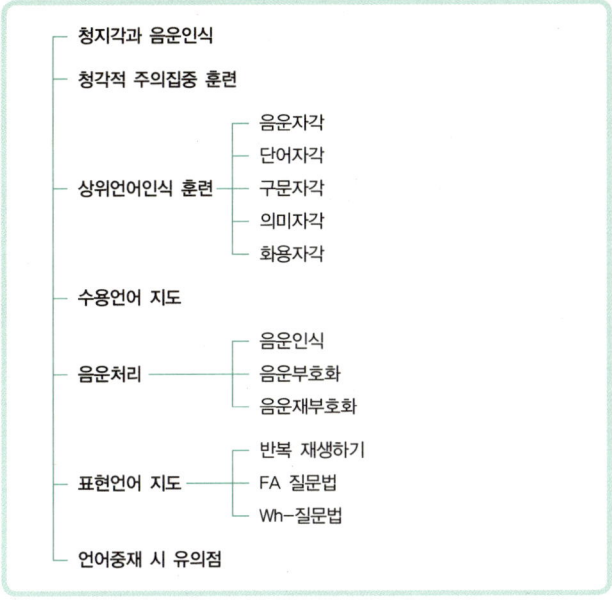

- 청지각과 음운인식
- 청각적 주의집중 훈련
- 상위언어인식 훈련
  - 음운자각
  - 단어자각
  - 구문자각
  - 의미자각
  - 화용자각
- 수용언어 지도
- 음운처리
  - 음운인식
  - 음운부호화
  - 음운재부호화
- 표현언어 지도
  - 반복 재생하기
  - FA 질문법
  - Wh-질문법
- 언어중재 시 유의점

1. 청지각과 음운인식

① 청지각: 귀로 듣고, 정확히 인식하고, 변별하고, 이해하는 과정 → 말소리 이해와 발음에 어려움 초래

	소리를 듣고 의미를 알고, 말을 듣고 이해하는 능력
	같은 소리인지, 같은 음절인지 등을 구별하는 능력
	들은 말을 그대로 재현하거나, 청각적 정보를 순서대로 기억하는 능력
	단어 중 빠진 소리를 인식하고 찾아내는 능력
	각각의 소리를 단어로 연결하고 종합하는 능력

② 음운인식: 말소리의 구조를 인식하고 분석하는 것
  ㉠ 청지각 훈련은 음운인식 능력을 향상시키기 때문에 함께 묶어서 프로그램을 구성하는 것이 효과적임
  ㉡ 소리 수준 → 문장 수준 → 단어 수준 → 음절 수준 → 음소 수준

2. 상위언어인식 훈련

① 상위언어인식 : _____으로, 언어의 구조적 속성에 대해 생각할 수 있는 능력
② 상위언어기술의 영역 : _____
③ 방법 : 음운·의미·구문·화용 영역에 오류가 있는 문항을 제시하고, 문장의 오류를 판단하는 과제 수행

하위 영역	정의 및 예시
음운 자각	구어에서 사용되는 단어들 속에 들어 있는 여러 가지 단위들을 분리하거나, 이런 단위들을 다시 결합해 재합성될 수 있다는 것을 아는 것 예 '돼지'라는 단어를 듣고 2음절로 만들어졌다는 것을 판단하거나, '다람쥐'와 '도깨비'의 첫 글자 초성이 동일한 음소임을 아는 것
단어 자각	• 단어가 가지고 있는 물리적 속성과 추상적 속성을 이해하는 능력 예 '돼지'라는 단서 속에서 포유동물 돼지가 갖는 물리적 속성과 '많이 먹는 사람' 등의 추상적 속성을 아는 것 • 또는 사물의 이름이 바뀌어도 속성이 바뀌지 않는다는 것을 아는 능력 예 '서점-책방'
구문 · 의미 자각	• 문법에 맞는 문장을 사용하는지에 대해 자각할 수 있는 능력 예 "밥이 맛있어요."나 "선생님이 철수에게 책을 읽었다."와 같은 문장이 문법적으로 맞는지를 판단하는 것 • 의미자각은 문법적으로는 맞지만 의미가 맞지 않는 문장의 오류를 판단하는 능력 예 "동생이 아빠를 낳았다."나 "밥을 마셔요."와 같은 문장의 오류를 판단하는 것
화용 자각	자신의 발화가 상황이나 목적 달성에 적합한지 등을 스스로 점검하고 조절하는 것 예 적절치 못한 말이 튀어나왔을 경우, 또는 대화자의 연령이나 지위에 맞지 않는 단어나 존칭을 사용할 경우 스스로 옳고 그름을 판단해 수정

3. 음운처리

언어적 정보처리를 위해 음운에 기초한 정보 활용

① **음운인식**: 말소리의 구조를 인식하고 분석하는 것

② **음운부호화**: 음운정보를 일시적으로 저장하는 작업기억

③ **음운재부호화**: 장기기억으로부터 음운부호 인출

구성요소	활동명	활동내용
음운 부호화	• 순서대로 반응하기 • 거꾸로 반응하기	• 선생님이 말한 것을 잘 기억한 다음에 순서대로 똑같이 따라 말해 보세요. /사과/, /토끼/, /트럭/ • 선생님이 말한 것을 잘 듣고 거꾸로 말해 보세요. /바/, /고/, /디/
음운 재부호화 (음운부호 의 인출)	• 단어 말하기 • 끝말잇기	지금부터 선생님이 시간을 잴 거예요. 그만할 때까지 /바/ 소리로 시작되는 단어를 모두 말해 보세요.

4. 표현언어 지도

	교사가 하나의 문장을 계속 모델링해 주다가, 어느 순간에 마지막 단어를 말하지 않고 아동을 응시함 예 "퐁당 퐁당 돌을…" → "…던지자."
	두 개의 단어 가운데 하나를 선택할 수 있는 질문을 던지는 방법 예 "수박 아니면 라면?"
	• 아동의 발화를 자극하는 가장 좋은 동기부여는 관심을 가지고 아동으로부터 답을 알아내고자 하는 것임 • 아동의 어휘발달 수준에 적합한 질문을 제시함 • who, when → what, why(폐쇄형 → 단답형)

형성평가

정답 및 해설은 동영상강의(유료)로 제공 ●

01 Leonard가 제시한 단순언어장애의 진단기준을 쓰시오.

① 지능 : 비언어성 지능검사 결과 (㉠) 이상
② 표준화된 언어검사 결과 : (㉡) 이하
③ 사회·정서적 영역의 발달에 이상 없음, 청력검사 결과 정상, 신경학적 이상 없음

02 의미론적 영역과 관련하여 빈칸에 들어갈 용어를 쓰시오.

• (㉠) : 새로운 단어에 대해 최소한의 노출만으로도 그 단어가 어떠한 대상을 지칭하는지 빠르게 찾아내어 이를 해당 단어의 음운형태와 연합시켜 내는 것
• (㉡)장애 : 어떤 상황이나 자극이 주어졌을 때 특정 낱말을 빠르고 정확하게 산출하는 데 어려움

03 단순언어장애가 보이는 ㉠, ㉡에 해당하는 언어결함의 특성을 쓰시오.

(㉠)	• 낱말의 뜻이 은유적으로 쓰일 때 그것을 이해하지 못함 • 범주를 나타내는 낱말에 대한 이해나 표현에 어려움
(㉡)	• 간접적인 표현이나 완곡한 표현을 이해하지 못함 • 상대방의 비언어적 의도를 파악하는 데 어려움 • 상대방의 전제나 가정에 대한 인식이 부족함

04 청지각의 하위개념 중 '청각적 종결력'과 '청각적 혼성력'의 정의를 쓰시오.

05 상위언어인식의 정의를 쓰고, 상위언어인식 훈련의 하위영역을 간략히 설명하시오.

06 수용언어 지도 시 교사가 유의해야 할 점을 1가지 쓰시오.

07 다음의 빈칸 ㉠, ㉡에 들어갈 용어를 쓰시오.

(㉠)은/는 음운정보를 일시적으로 저장하는 작업기억을 의미하고, (㉡)은/는 장기기억으로부터 음운부호를 인출하는 것이다.

08 다음의 전략을 지도하는 방법을 설명하시오.

> • 반복 재생하기
> • FA 질문법

09 주어를 자주 생략하는 학생에게 적용할 수 있는 Wh-질문법의 예를 1가지 쓰시오.

10 단순언어장애 언어중재 시 유의점을 4가지 쓰시오.

09 의사소통장애 교육(1)

> 학습목표 4가지 문자언어 지도방법과 교사의 발화 전략, 기능적 언어치료를 설명할 수 있다.

01 문자언어 지도방법

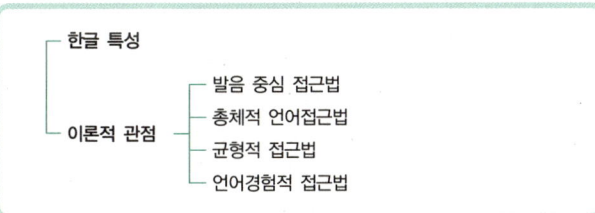

상향식 모델	음소 → 단어 → 구 → 절 → 문장 순서로 학습
하향식 모델	글이 포함하고 있는 맥락에 의존

① _____ : 자모체계 지도 후 대응관계에 대한 원리를 가르치면서 문자해독을 지도함. 단어─문장─이야기 순서로 지도하는 전형적인 _____ 접근방법 **예** /ㅎ/에 /ㅐ/를 더하면 /해/

➡ **장점** : 한글 구조를 체계적·논리적으로 지도 가능함

② _____ : 의미 이해에 중점을 두고, 실제 생활에 활용되는 문자언어 자료를 활용해 통합적으로 지도하는 _____ 접근방법

예 경험, 이야기, 그림 동화책으로 '해'의 의미를 지도함

③ _____ : 발음 중심 접근법과 총체적 언어접근법의 적절한 균형을 강조함

예 교사와 함께 그림책을 읽으면서 자신의 이름에 포함된 음절을 찾는다거나, 자신의 이름 속 음절을 활용해 새로운 단어 말하기 등으로 구성될 수 있음

➡ **장점** : 소리를 해독하는 기술과 글의 의미를 파악·이해하는 능력 모두를 강조함

④ _____ : 학생의 경험이 읽기 자료로 활용되는 교수법으로, 학생이 자신의 경험을 말로 표현하면 교사는 그것을 글로 옮겨 적어서 읽기 자료로 활용함

➡ **장점** : 직접 경험한 것을 글로 표현하므로 아동의 발달단계에 적합하고, 아동이 글의 내용을 더 쉽게 예측 가능해 이해가 쉬움

02 교사의 발화 전략

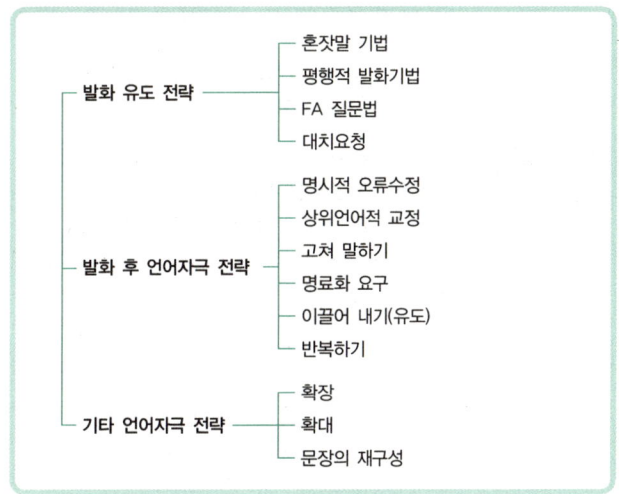

1. 발화 유도 전략

기법	기능
혼잣말 기법	아동에게 요구하지 않으면서 교사가 자기 행위에 대해 혼자 대화를 하듯이 말함 🖉 스스로 묻고 답하는 과제 전략적인 혼잣말을 교사가 교사 자신의 입장에서 모델링해 주는 것은 _____ _____ _____
평행적 발화기법	아동의 행위에 대해 아동의 입장에서 말함
FA 질문법	아동에게 대답할 수 있는 2개의 모델을 제시함
대치요청	목표언어가 나올 때까지 아동의 말을 고쳐 나가도록 유도함

2. 발화 후 언어자극 전략

아동의 발화 후 교사가 적용할 수 있는 언어자극 전략으로 ＿＿＿＿＿＿＿＿ → 정답과 오답에 대한 정보뿐만 아니라 오답을 수정하기 위해 보충적인 교수를 제공함

유형	설명 및 예시
명시적 오류 수정	발화에 오류가 있음을 명확하게 알려주고 올바른 발화를 직접 제시해줌 예 고양이를 보고 "저기 멍멍이!"라고 말하면, "멍멍이가 아니라 고양이야."라고 정확하게 표현해줌
상위언어적 교정	오류를 명확하게 수정하는 대신에 오류에 대한 힌트를 주거나 정확한 형태에 대한 코멘트, 정보나 질문을 제공함 예 "나 줘."라고 말하면, "어른들한테 말할 때는 어떻게 하라고 했지?"라고 하면서 존댓말을 유도함
고쳐 말하기	오류가 있는 말의 일부나 전부를 수정해 주는 형태로서, 오류를 명시적으로 지적하지 않고 교정한 상태로 말해줌 예 아동 : 띤발(발음오류) 있어. 교사 : 아~ 여기 신발이 있구나?
명료화 요구	교사가 아동의 말을 잘 이해하지 못했거나 잘못된 발화를 했을 때, 발화를 다시 한번 반복하거나 수정할 것을 요구함. 중립적인 언어를 사용할 수도 있고, "무엇을 주라고" 등으로 특정적인 어휘를 요구할 수도 있음 예 아동 : 선생님, &8^% 있어요. 교사 : 미안해, 뭐라고? (또는) 저기 뭐가 있다고?
이끌어 내기 (유도)	학생 스스로가 정확한 형태를 발화하도록 유도해 제공하는 피드백. 언급한 것을 완성하게 하거나 올바른 언어형태를 이끌어내기 위해 질문을 할 수 있음 예 교사 : 입을 크게 벌리고 뭐 하고 있지? 아동 : 하품.
반복하기	잘못된 발화 부분을 반복해 말해줌. 이때는 억양을 다르게 해주는 것이 좋음 예 교사 : 내 엄마의 엄마는 뭐라고 부르지? 아동 : 엄마엄마(어휘오류) 교사 : 엄마엄마? ↗

3. 기타

기법	기능
확장	아동의 발화를 문법적으로 완전한 문장으로 바꾸어 말해줌. 특히 조사나 어미 사용이 잘못되거나 생략된 경우에 많이 사용됨 예 (그림카드를 보며) 아동 : 아가 밥 먹어. 교사 : 아가가 밥을 먹네.
확대	아동의 발화에서 단어의 의미를 보완해 주는 데 초점을 맞춤. 아동이 어휘를 습득하는 과정에서 성인들은 코멘트의 형식으로 자주 확대전략을 사용함 예 아동 : 자동차! 교사 : 빨간 자동차네!
문장의 재구성	문장 자체를 바꾸어서 교정해줌 예 아동 : 날라가 뱅기 저기. 교사 : 저기 비행기가 날아가요?

03 기능적인 언어치료

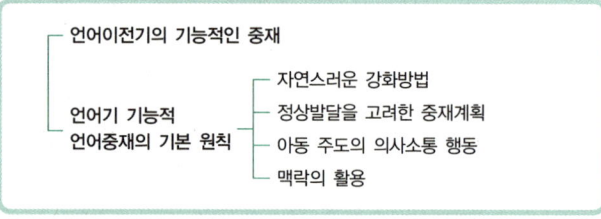

① 기능적 언어 : ＿＿＿＿＿＿＿＿＿＿에 초점을 맞춘 언어

② 기능적 언어중재의 기본 원칙

　㉠ 자연스러운 강화방법 : 언어의 기능성에 초점을 두고 자연스러운 상황 속에서 언어훈련을 실시하고, 학생의 언어와 연관된 강화물을 제공함 예 '물'

　㉡ 정상발달을 고려한 중재계획

　㉢ 아동 주도의 의사소통 행동 : 교재 선택, 대화 시도 등

　㉣ 맥락의 활용 : 훈련 맥락을 잘 계획해 제공

　　→ 아동의 바른 구어를 유도하기 위해 단서나(발화 유도) 연계된 반응을 제공(교정적 피드백)

구분	설명 및 예시
시범	• **혼잣말 기법**: 아동이 표현할 말을 직접 시범 보이기보다는 교사나 부모가 자신의 입장에서 말하는 것을 들려줌. 예를 들어, 차를 밀면서 "차가 가네."라고 하거나 물을 마시면서 "물 마셔요."라고 함 • **평행적 발화 기법**: 의사소통 상황에서 아동이 말할 만한 문장을 아동의 입장에서 말해줌. 예를 들어, 장난감 차를 아동에게 주면서 "차 주세요."라고 말함. 이는 반향어를 하는 아동이나 모방에 익숙한 아동에게는 좋은 효과를 보이기도 하지만 표현 자체가 부자연스럽기 때문에 조심해서 사용해야 함
직접적 구어적 단서	• **질문**: 단답형, 선택형, 개방 또는 과정형 질문과 훈련자가 시작한 문장에 목표 낱말이나 구를 삽입시켜서 문장을 완성하는 방법이 있음 • **_____**: 아동의 말에서 목표가 되는 언어를 유도하는 방법으로, 목표 낱말이나 문장이 표현될 때까지 아동이 말을 고쳐나가도록 유도함. 예를 들어, 아동이 "그걸 땄어요."라고 할 때 "그게 어떤 건데?"라든가 "그걸 따지 않으면 어떻게 되었을까?"와 같은 질문을 하여 더 많은 발화를 유도할 수 있음 • **_____**: 목표언어를 시범 보이기 전에 아동이 자발적으로 반응할 기회를 요구한 후 시범을 보임

간접적
구어적
단서
	• **반응을 요구하는 것**
	  − **수정모델 후 재시도 요청하기**: 아동이 잘못 말한 부분이나 전체 문장을 수정한 상태로 다시 말해주고 나서 아동이 다시 말하도록 요청함
	  − **오류반복 후 재시도 요청하기**: 아동이 잘못 말한 부분이나 문장을 그대로 반복한 후 아동에게 다시 말하도록 요청함
	  − **자기교정 요청하기**: 교사가 아동의 말을 되묻거나 맞는지를 물음으로써 아동이 자신의 말을 스스로 교정하도록 함
	  − **이해하지 못했음을 표현하기**: 아동의 말을 못 알아들었다고 말하거나 "응?"과 같이 말함으로써 아동이 다시 또는 수정해 말하도록 함. 이 방법은 자기교정 요청하기보다 다소 자연스러움
	  − **확장 요청하기**: 아동에게 완성된 구나 문장을 말하도록 요청함

  − **_____**: 아동이 바르게 말했을 경우 이를 반복하도록 요청함
  − **_____**: 아동의 말을 알아들었다는 표시를 해주고 나서 아동에게 좀 더 이야기를 하도록 요청하는 것으로, 반복 요청보다 좀 더 자연스러운 방법

• **반응을 요구하지 않는 것**
  − **아동의 요구 들어주기**: 아동이 요구한 사물을 집어주거나 행동을 수행함으로써 아동에게 그 메시지가 전달되었다는 것을 알려줌
  − **이해했음을 표현하기**: 아동이 한 말에 대해 고개를 끄덕이거나 "응", "그래", "그렇지", "그랬어?"와 같은 말을 해줌으로써 아동의 말을 이해했다는 것을 알려줌
  − **모방**: 아동의 말을 그대로 모방함으로써 아동에게 자신의 말이 전달되었다는 것을 알려줌. 특히, 아동이 목표언어를 바르게 사용했을 때 "맞아", "그래" 등의 긍정적 표현과 함께 아동의 말을 모방해주면 효과적임
  − **____**: 아동의 문장구조는 유지한 채 문법적으로 바르게 고쳐서 다시 들려줌. 예를 들어, 아동이 "누나"라고 했을 때 "누나가"라고 문법적 확장을 해줌. 확장에는 구를 문장의 형태로 완성시켜서 다시 말해주는 문장완성 방법과, 문장의 형태나 기능을 바꾸어서 말해주는 문장변형 방법이 있음
  − **____**: 아동의 발화주제는 유지한 채 정보를 더 첨가해 들려줌. 예를 들어, 아동이 "공"이라고 했을 때 "큰 공"이나 "축구공"이라고 어휘를 확대함
  − **분리 및 합성**: 아동의 발화를 구문의 작은 단위들로 쪼개서 말했다가 다시 합쳐서 들려줌. 예를 들어, 아동이 "형이 유리로 발을 찔렸어."라고 하면 "형이 찔렸구나.", "유리에 찔렸구나."와 같이 작은 단위의 문장으로 쪼개서 말하고 나서 "형이 유리에 발이 찔렸구나."라고 합쳐서 말함
  − **_____**: 아동 문장의 뜻은 유지한 채 문장의 형태를 재구성해서 들려줌. 예를 들어, "미영이가 민이를 찾아."라는 말에 대해 "민이가 미영이한테 맞았어?"라고 새 형태의 문장을 말해줌

✎ 형성평가

정답 및 해설은 동영상강의(유료)로 제공 ●

01 다음에 해당하는 문자언어 지도전략의 명칭을 쓰고, 장점을 1가지 쓰시오.

> /ㄱ/에 /ㅏ/를 더하면 '가', /ㅑ/를 더하면 '갸', 거기에 /ㄹ/을 붙이면 '갈'이 된다는 식의 지도방법이다.

02 다음에 해당하는 문자언어 지도전략의 명칭을 쓰고, 장점을 1가지 쓰시오.

> 언어를 부분으로 나누어 습득하게 되면 전체적인 맥락을 이해하지 못하고, 글을 읽을 때에도 부분적인 요소에 집중하여 전체적인 의미를 파악하는 데 방해가 된다고 본다. 따라서 의미 이해에 중점을 두고 실제 생활에 활용되는 문자언어 자료를 활용하고, 학습자 중심 과정으로 지도한다.

03 상향식 접근법과 하향식 접근법의 개념을 비교하여 설명하시오.

04 균형적 접근법의 장점을 1가지 쓰시오.

05 혼잣말 기법과 평행적 발화기법의 차이점을 비교하여 쓰시오.

06 혼잣말 기법의 효과를 쓰시오.

07 확장과 확대 기법을 비교하여 설명하시오.

08 ㉠~㉢에 해당하는 교사 발화의 예시를 각각 쓰시오.

상황	대화	관찰
학생 A가 간식 시간에 '사과'를 먹은 후 교사와 대화함	학생 A: 선생님, &8^%#* 있어요. 교사: (㉠)	교정적 피드백 중 명료화 요구 전략을 사용하여 지도함
학생 A와 교사가 함께 그림책을 보며 대화함	교사: 호랑이가 뭐 하고 있어? 학생 A: 아~벌려. 교사: (㉡)	교정적 피드백 중 이끌어내기 전략을 사용하여 지도함
학생 A와 교사가 신발장 앞에서 대화함	아동: 신발 줘. 교사: (㉢)	교정적 피드백 중 상위언어적 교정 전략을 사용하여 지도함

09 '명시적 오류 수정' 전략과 '고쳐 말하기' 전략의 차이점을 서술하시오.

12 ㉠~㉢에 해당하는 맥락 활용 언어 지도 전략을 쓰시오.

> ㉠ "미영이가 민이를 찼어"라는 말에 대해 "민이가 미영이한테 맞았어?"라고 새 형태의 문장을 말해준다.
> ㉡ 지영이가 "그걸 땄어요."라고 할 때 "그게 어떤 건데?"라던가 "그걸 따지 않으면 어떻게 되었을까?"와 같은 질문을 하여 더 많은 발화를 유도한다.
> ㉢ "은수야, 뭐가 떨어졌어요?"라고 질문하고, 은수가 대답을 하지 않으면 그때 "연필이 떨어졌어요."라고 말해준다.

10 '반복 요청하기'와 '주제 확대하기' 전략을 각각 서술하시오.

11 기능적 언어중재의 기본 원칙 4가지를 쓰시오.

13 '대치요청' 전략의 지도 목적을 1가지 쓰시오.

의사소통장애 교육(ㄹ)

학습목표 자연적 언어중재의 개념 및 특징을 설명하고, 자연적 언어중재의 한 방법인 강화된 환경중심 언어중재의 개념과 주요 요소에 대해 설명할 수 있다.

04 자연적 언어중재

┌ 개념
└ 특징

① 정의: 학생 중심의 언어중재로, 학생이 좋아하는 주제나 활동을 중심으로 이루어짐
② 특징
  ㉠ 중재자: _____
  ㉡ 중재 환경: _____
  ㉢ 중재 목표: _____
  ㉣ 주요 활동: _____

05 강화된 환경중심 언어중재(EMT)

┌ 개관
│   ┌ 환경조성 전략(물리적 환경조성)
├ 주요 요소 ┼ 반응적 상호작용 전략(사회적 환경조성)
│   └ 환경중심 언어중재 전략
└ 공통요소 및 지침

1. 강화된 환경중심 언어중재(EMT)

① 정의: 환경중심 언어중재란 _____을 자연스럽게 유도할 수 있도록 _____ 속에서 _____에 따라 언어중재를 실시하는 것
② EMT는 일반화와 충분한 의사소통 기회 증진을 위해 _____과 _____이 중심을 이룸(MT와 EMT의 차이점)
③ EMT 주요 요소: _____
_____

2. 환경조성 전략(_____)

① 아동의 언어를 촉진하기 위한 물리적 전략으로서, 아동이 선호하는 자료를 중심으로 _____을 설정해야 함
② 학생의 _____을 높이기 위해 의사소통적 필요를 느낄 수 있도록 미리 기회를 만들어 지도함

전략	예시
손이 닿지 않는 위치	아동이 볼 수 있는 투명한 플라스틱 상자 안에 사물을 넣고 아동의 키보다 조금 더 높은 교구장 위에 둠
흥미 있는 자료	• 아동이 좋아하는 사물을 교실에 미리 배치함 • 아동이 평소 좋아하는 공을 슬그머니 아동 쪽으로 굴려줌
예상치 못한 상황	• 인형 옷을 입히면서 양말을 머리에 씌우거나, 풀 대신 지우개를 줌 • 성인이 아동의 작은 옷을 입는 상황을 연출함
선택의 기회 제공	염색활동을 하는데, 어떤 색으로 하고 싶은지 선택하도록 함
부족한 (불충분한) 자료 제공	• 신발을 주는데 한 짝만 주거나, 미술활동 시간에 만들기에 필요한 재료보다 적은 양의 재료를 줌 • 색칠하기를 좋아하는 아동의 경우, 밑그림 하나만 주고 더 요구하기를 기다림
도움이 필요한 상황	아동이 좋아하는 간식을 잘 열리지 않는 투명한 병에 담아 놓음
중요 요소 빼기	퍼즐 완성에 꼭 필요한 한 조각을 빼고 과제를 줌

3. 반응적 상호작용 전략(_____)

① 아동의 행동에 성인 대상자가 어떻게 반응해야 하는 지에 대한 것으로, 아동의 _____ 에 반응하는 방법

② 학생의 의사소통 시도에 민감성을 길러 빠르고 의미 있게 반응해 주는 것

전략	방법	예시
아동 주도 따르기	아동의 말이나 행동과 유사한 언어적·비언어적 행동을 하며 아동 주도에 따름. 아동이 말하도록 기다려 주고, 아동이 하는 말이나 행동을 모방함. 아동의 관심에 기초해 활동을 시작하고, 다른 활동으로 전이할 때도 아동의 흥미를 관찰함	구어를 산출하지 못하는 지수는 지도를 좋아해서 교실에 들어오면 늘 지도에 관심을 보임. "선생님이랑 지도 볼까? 경상도는 어디 있을까?" 하며 지명 찾기 놀이를 함
공동 관심 형성하기	아동이 하는 활동에 교사가 관심을 보이며 참여함. 아동이 활동을 바꾸면 성인도 아동이 선택한 활동으로 바꿈	아이가 혼자 그림을 그리고 있으면, "우리 깐보, 뭐 그린 거야? 어, 깐보가 좋아하는 둘리를 그렸네." 하면서 대화를 이끌어감
정서 일치 시키기	아동의 정서에 맞추어 반응함. 그러나 아동의 정서가 부적절하면 맞추지 않음	아동이 즐겁게 이야기하면 함께 즐거움을 표현하고, 흥분되어 말하면 흥분됨을, 아동이 얼굴을 찡그리면 함께 속상한 표정을 짓고 이야기함
상호적 주고받기	상호작용을 할 때는 아동과 성인이 교대로 대화나 사물을 주고받음	퍼즐을 하나씩 번갈아가며 맞추거나, 대화를 교대로 주고받음
시범 보이기	먼저 모델링이 되어줌. 혼잣말 기법이나 평행적 발화기법을 사용함	"밥 먹으러 가야지."라고 말하거나 과제를 하다가 어렵다고 발을 동동거리는 아동을 향해 "선생님, 도와주세요."라고 말함
확장하기	아동의 발화에 적절한 정보를 추가해 보다 완성된 형태로 다시 들려줌	아동이 길가의 차를 보고 "차 가."라고 말하면 "차가 가네."라고 말함
아동을 모방하기	아동의 행동 또는 말을 모방해 아동과 공동관심을 형성하거나, 아동에게 자신의 말이 전달되었음을 알려줌	아동이 손가락을 만지며 아프다는 표현을 하면, 교사도 손가락을 만지면서 "아파?"라고 말해줌
아동 발화에 반응하기	아동이 한 말에 대해 고개를 끄덕이거나 "응", "옳지", "그래" 등과 같은 말을 해주면서 아동의 말을 이해했다는 것을 알려주고 인정해줌	아동이 "이거 (먹어)."라고 말하면, 고개를 끄덕이면서 "그래, 우리 이거 먹자."라고 말해줌
아동 반응 기다리기	아동이 언어적 자극에 반응할 수 있도록 적어도 5초 정도의 반응시간을 기다려줌	"물감 줄까?"라고 묻고, 반응하지 않더라도 5초 정도 기다렸다가 다시 질문함

4. 환경중심 언어중재 전략(환경중심 언어절차)

환경중심 언어중재 전략의 4가지 기법은 각 단계를 처음부터 사용할 수도 있고, 아동의 언어능력에 따라 해당하는 단계만 사용할 수도 있음

(1) 아동중심의 시범 기법

① 가장 초기 단계에 실시(아동이 어떻게 표현해야 할지 모를 때 사용)

② 교사는 우선 아동의 관심이 어디에 가 있는지를 살피다가, 그 물건이나 행동에 같이 참여하면서 그에 적절한 언어를 시범 보임

③ 시범을 보이기 전에는 강화가 될 수 있는 교재나 활동을 통제하다가, 아동이 바르게 반응하면 언어적 확장과 강화(교재나 활동)를 제공함. 아동이 바르게 반응하지 못했을 때는 다시 시범을 보이고 그에 따른 강화를 제공함

(2) 요구-모델링(선반응요구-후시범) 기법

① 시범방법에서와 같이 아동과 교사가 함께 활동을 하다가, 아동에게 언어적인 반응을 구두로 요구해본 후에 시범을 보임

② 시범방법과 다른 점은 아동에게 반응할 기회를 우선 주고 나서 언어적인 시범을 보이는 것임

③ 반응을 요구할 때는 흔히 명령 후에 시범을 보이거나, 의문사 질문 후 시범을 보이거나 또는 선택형 질문 후에 시범을 보임

(3) 시간지연 기법

① 시간지연은 어느 정도 언어적 표현은 가능하지만 반응하기까지 시간이 걸리는 경우 보다 자발적인 의사소통을 위해 사용됨

② 교사가 아동과 함께 쳐다보거나 활동하다가 아동의 언어적 반응을 가만히 기다려주는 것임

③ 아동이 말해야 하는 상황임을 눈치채고 말을 하면 그에 적절하게 교정 또는 시범을 보임

④ 환경자극으로부터 의사소통을 시도하는 데 목적이 있으며, 아동이 반응할 때까지 잠깐 멈추어 기다려줌

⑤ 지연은 보통 3~5초간 하는데, 좀 더 나이가 많은 아동의 경우에는 10초 이상 지연을 하기도 함. 만약 아동이 지연에 반응하지 않으면, 교사는 다른 지연을 제시하거나, 선반응요구-후시범 절차나 시범 절차를 사용함

(4) 우발교수(우연교수)

① 우발교수는 환경중심 언어중재의 핵심적인 부분으로, 아동의 의사소통 기능 및 기술을 증진시키는 데 매우 효과적임

② 아동은 우발적 상황에서 먼저 의사소통을 시도하는데, 아동이 의사소통을 할 수 있도록 교사에 의한 환경구조화가 필요함

③ 아동의 생활환경에서 우연히 일어나는 의사소통의 기회 또는 언어학습의 기회를 이용해 언어훈련을 함

더 알아보기 | **환경중심 언어중재 전략(절차)**

1. 아동중심의 시범기법
① 물리적 환경조성
② 공동관심
③ ＿＿＿＿＿＿＿＿＿＿
④ 정반응 → 강화
⑤ 오반응 → 다시 시범 후 강화

2. 요구-모델링
① 물리적 환경조성
② 공동관심
③ ＿＿＿＿＿＿＿＿＿＿
④ 정반응 → 강화
⑤ 오반응 → 다시 시범 후 강화

3. 시간지연
① 물리적 환경조성
② 공동관심
③ ＿＿＿＿＿＿＿＿＿＿
④ 정반응 → 강화
⑤ 오반응 → 시간지연, 요구, 시범

4. 우연교수
① 물리적 환경조성
② 공동관심
③ ＿＿＿＿＿＿＿＿＿＿
④ 정반응 → 강화
⑤ 오반응 → 시간지연, 요구, 시범

5. 학생의 공동관심 기술

공동관심 기술은 관심을 사물로 가져오는 데 사용되지만, 반드시 그 사물이나 사건을 얻기 위한 것은 아님

예 자신의 장난감을 설명하기 위해 장난감을 보여주며 상대방이 같이 보도록 하거나, 정보를 요구하기 위해 책의 그림을 지적하고 그림과 상대방을 번갈아 쳐다봄

공동관심	기술
공동관심 시작하기	• 협동적인 공동주시 • 보여주기 • 공유하기 위해 건네주기 • 가리키기
공동관심 반응하기	• 가리키는 곳 따르기 • 시선 따르기

형성평가

정답 및 해설은 동영상강의(유료)로 제공 ●

14 환경중심 언어중재(MT)와 비교하여 강화된 환경중심 언어중재(EMT)가 가지는 차이점 2가지를 쓰시오.

15 환경중심 언어중재와 전통적 행동주의적 접근법의 차이점을 '선행사건'과 '후속결과'의 측면에서 각각 쓰시오.

16 물리적 환경조성 전략을 사용하는 이유를 1가지 쓰고, 전략의 유형을 3가지 이상 서술하시오.

17 다음의 ㉠~㉢은 반응적 상호작용 전략 중 무엇에 해당하는지 순서대로 쓰시오.

㉠ 아동과 성인이 교대로 대화나 사물을 주고받음
㉡ 아동이 하는 활동에 교사가 관심을 보이며 참여함
㉢ 아동의 관심에 기초하여 활동을 시작하고, 활동을 전이할 때도 아동의 흥미를 관찰함
㉣ 아동의 발화에 적절한 정보를 추가하여 완성된 형태로 다시 들려줌
㉤ 아동이 언어적 자극에 반응할 수 있도록 적어도 5초 정도의 반응시간을 기다려줌

18 반응적 상호작용 전략 중 '아동 주도 따르기'와 '공동 관심 형성하기'를 비교하여 서술하시오.

19 시범 기법과 요구-모델 기법의 차이점을 1가지 쓰시오.

20 시간지연 기법에서 학생이 지연에 반응을 보이지 않을 경우 교사가 취해야 할 반응을 쓰시오.

21 학생의 비구어 공동관심 유형 2가지를 쓰고, 각 유형에 해당하는 기술을 1가지씩 제시하시오.

22 우연교수의 절차를 쓰시오.

23 우연교수의 장점을 2가지 쓰시오.

24 강화된 환경중심 언어중재(EMT)에서 학생의 정반응
에 대해 교사가 해주어야 할 반응을 쓰시오.

25 반응적 상호작용 전략의 목적을 쓰시오.

26 반응적 상호작용 전략에서 언어촉진을 사용하지 않는
대신 반응을 요구하지 않는 간접적 구어 단서를 제공하는
이유를 서술하시오.

Chapter 09 의사소통장애 교육(3)

학습목표 스크립트 문맥을 이용한 언어중재, 낱말찾기 훈련, 참조적 의사소통 훈련에 대해 설명할 수 있다.

06 스크립트 문맥을 이용한 언어중재

```
개관 ─ 정의
     ─ 목표
     ─ 장단점
─ 활용 절차
─ 공동행동일과 전략과의 비교
─ 유용한 방법
```

① 스크립트

　　㉠ 어떤 특정 문맥 속에서 진행되는 일련의 사건

　　㉡ 일상적인 상황문맥은 즉각적인 상황에 대해 화자 간에 공유하는 ＿＿＿＿＿＿＿을 제공해 주며, 그 상황에서 늘 쓰이는 ＿＿＿＿＿＿를 배우는 학습의 기회를 제공해 줌

　　㉢ 일상생활 상황은 시간적-인과적 위계에 따른 순서화된 구조를 형성함

② **스크립트 문맥을 이용한 언어중재** : 일상적으로 사용되는 상황에 적합한 언어를 사용하기 위해서 그 상황이 그려진 대본의 도움을 받아 지도하는 전략

③ **목표** : 구어능력 증진, 사회가 요구하는 방식의 의사소통과 행동양식의 습득

④ **학생에게 익숙한 '상황문맥' 사용 이유** : 익숙한 활동 선택 시 상황이나 문맥 이해에 인지적 자원을 덜 쓰고 ＿＿＿＿＿＿＿＿＿에 더 집중할 수 있음

⑤ 활용 절차

하위 행동	유도상황/ 발화	가능한 목표언어	목표언어구조	
			의미 관계	화용적 기능
케이크 꺼내기	잘 안 열리는 케이크 상자를 아동에게 줌	• "케이크 꺼내 주세요." • "이거 열어 주세요."	대상-행위	물건 요구
케이크 올리기	케이크를 다시 상자 속이나 책상 아래에 놓으려고 함	"위에 놓아요."	장소-행위	행동 요구

⑥ 장점 : ＿＿＿＿＿＿＿＿＿＿＿＿＿＿＿＿＿＿＿＿＿＿

⑦ 단점 : ＿＿＿＿＿＿＿＿＿＿＿＿＿＿＿＿＿＿＿＿＿＿

⑧ **유용한 방법** : 스크립트에 익숙해지면 의도적으로 스크립트를 위반하는 사건을 만들어 ＿＿＿＿＿＿＿＿를 유도함

07 낱말찾기 훈련

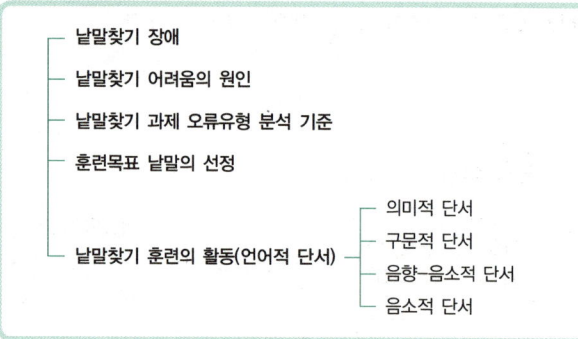

- 낱말찾기 장애
- 낱말찾기 어려움의 원인
- 낱말찾기 과제 오류유형 분석 기준
- 훈련목표 낱말의 선정
- 낱말찾기 훈련의 활동(언어적 단서)
  - 의미적 단서
  - 구문적 단서
  - 음향–음소적 단서
  - 음소적 단서

① _____ : 어떤 상황이나 자극하에서 특정 낱말 산출에 어려움

② _____ : 목표낱말을 그림으로 제시하고 가능한 빠르고 정확하게 산출하도록 하는 것으로, 주로 반응정확도(전체 목표낱말 수에 대한 오류 수의 비율)와 반응시간을 통해 그 수행결과를 예측함

③ 언어적 단서

구분	정의	예
의미적 단서	동의어	'선생님'에 대해 '교사'
	반의어	'선생님'에 대해 '학생'
	연상어	'팥'에 대해 '빙수'
	동음이의어	'사과'에 대해 손바닥으로 싹싹 비는 흉내
	목표낱말의 상위범주어 또는 하위범주어	• '모자'에 대해 '옷' • '옷'에 대해 '바지, 치마'
	목표낱말의 기능	'자동차'에 대해 '타는 거'
	몸짓으로 낱말을 흉내 내는 것	
구문적 단서	그 낱말이 자주 사용되는 문맥이나 상용구 활용하기	'고추'는 '○○ 먹고 맴맴'
음향–음소적 단서	첫 음절 말해주기	'자동차'의 경우 '자'
	음절수를 손으로 두드리기 또는 손가락으로 알려주기	
음소적 단서	첫 글자 써주기	

08 참조적 의사소통 훈련

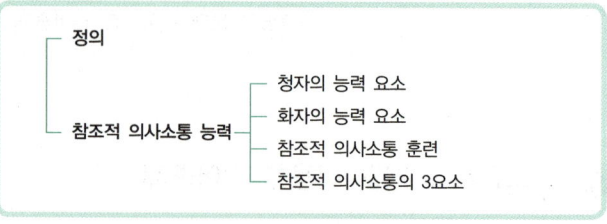

- 정의
- 참조적 의사소통 능력
  - 청자의 능력 요소
  - 화자의 능력 요소
  - 참조적 의사소통 훈련
  - 참조적 의사소통의 3요소

① 정의 : 언어의 _____로 참조물(사물, 장소, 생각 등)에 대해 다른 사람과 정보를 주고받는 기술

② 화자의 참조적 의사소통능력 요소

㉠ _____ : 듣는 사람에게 어떤 정보가 필요한지 결정

㉡ _____ : 정보를 전달하는 능력

㉢ _____

전제	문맥이나 상대방의 사전지식에 대해 말하는 사람이 어떻게 가정하고 있는지를 의미하며, 이러한 가정에 의해서 말하는 방식이나 내용이 수정됨
결속표지 (cohesive device)	• 가리킴말(deixis)을 써서 문장 속에 포함된 낱말을 이해하기 쉽게 만듦 예 대명사(나/너/우리/너희), 지시형용사(이/그/저), 시간부사(지금/아까/나중에), 장소부사(여기/저기) 등 • 접속사나 연결어미를 써서 문장과 문장 사이의 관계를 명확하게 해줌 예 추가(그리고/-고), 반전(그러나/-지만), 원인(-니까) 등 • 중복되는 부분을 생략해서 불필요한 부분까지 다 듣지 않아도 되게 해줌
상대방의 반응에 대한 적절한 피드백	상대방의 지식에 대한 전제를 바탕으로 말을 했는데 상대방의 대답이나 반응이 적절치 못하다면 말하는 사람은 자신의 전제를 바꾸어 다시 표현할 수 있어야 함

③ 언어발달은 일반적으로 이해능력이 산출능력에 선행하지만, 참조적 의사소통에서는 화자기술이 청자기술보다 먼저 발달함

형성평가

정답 및 해설은 동영상강의(유료)로 제공 ●

27 ① 스크립트 문맥을 이용한 언어중재의 목적을 1가지 쓰고, ② 언어중재 시 학생에게 익숙한 활동을 선택하는 이유를 서술하시오.

28 스크립트 문맥을 이용한 언어중재의 장점을 1가지 쓰시오.

29 빈칸에 들어갈 스크립트 문맥의 활용 절차를 쓰시오.

> ① 단기적인 목표언어의 구조를 계획한다.
> ② (㉠   )
> ③ 선택한 스크립트 속에 포함될 하위행동들을 나열한다.
> ④ 선택한 하위행동마다 구체적인 목표언어를 계획한다.
> ⑤ 불필요한 하위행동을 삭제한다.
> ⑥ (㉡   )
> ⑦ 계획한 활동들을 체계적으로 변화시키면서 여러 회기 동안 반복하여 실시한다.

30 스크립트에 익숙해진 후 의도적으로 스크립트를 위반하는 사건을 만드는 이유를 서술하시오.

31 스크립트 문맥을 활용한 언어중재와 공동행동일과 전략의 공통점과 차이점을 서술하시오.

32 낱말찾기 어려움을 확인하기 위해 사용할 수 있는 (㉠)은/는 목표낱말을 그림으로 제시하고 가능한 빠르고 정확하게 산출하도록 한다. 이는 주로 (㉡)와/과 (㉢)을/를 통하여 그 수행결과를 예측한다. ㉠~㉢에 들어갈 내용을 쓰시오.

33 낱말찾기에 어려움을 보이는 학생에게 제시하는 언어적 단서 중 ⊙, ⓒ의 유형 1가지와 그 예 1가지를 각각 제시하시오.

> ⊙ 의미적 단서
> ⓒ 음향−음소적 단서(음운적 단서)

36 다음 괄호 안의 ⊙, ⓒ에 들어갈 말을 각각 쓰시오.

> 참조적 의사소통의 3요소 중 절차에 대한 지식은 다양한 의사소통 상황에 필요한 규칙에 대한 지식을 말한다. 절차에 대한 지식에는 참조물과 혼동될 수 있는 주변 사건 간의 차이를 기술하는 규칙인 (⊙)와/과 화자와 청자의 역할이 상호보완적이라는 것을 이해하는 (ⓒ)이/가 있다.

34 참조적 의사소통의 정의를 쓰고, 화자의 참조적 의사소통능력 요소를 3가지 쓰시오.

35 결속표지의 유형을 3가지 쓰고, 각각의 예를 1가지씩 쓰시오.

자발화 분석(1)

학습목표 자발화 분석의 개념과 장단점, 그리고 분석의 과정을 설명할 수 있다.

01 자발화 분석의 이해

```
┌ 개념
├ 장단점
└ 표준화검사와 자발화검사의 비교
```

1. 자발화 분석의 개념

① 비표준화 검사로 아동의 _____ 파악

② 아직 의미 있는 언어 사용 이전 아동의 언어발달 수준 파악

③ 표준화된 검사를 사용할 수 없는 아동의 언어 수준 평가

④ 몸짓언어를 비롯한 _____ 발달 정도도 평가

⑤ 각 언어 영역별(_____) 발달수준 파악

2. 자발화 분석의 절차

_____ → _____ → _____

3. 표준화검사와 자발화검사의 비교

표준화검사	자발화검사
• 정적인 상황에서 이루어짐 • 검사 시간의 효율성이 좋음 • 자료 수집이 용이함 • 언어 측정에 대한 신뢰도가 높음 • 반복적인 검사 실시 가능 • 검사 실시와 분석이 간단함 • 객관적 진단 및 평가 자료로 활용됨 • 실제 언어사용에 대한 정보 수집이 어려움	• 자연스러운 상황에서의 정보 수집 가능 • 검사목적에 따라 다양하게 적용할 수 있음 • 발화의 질적 분석 가능 • 표현언어와 대화기술 파악이 용이함 • 장애정도와 상관없이 모두에게 실시 가능 • 실제적인 언어능력 파악이 용이함 • 시간과 노력이 많이 소요됨 • 개별화계획 수립 시 평가지표로 활용

4. 자발화 분석의 장단점

장점	단점
구체적인 교수목표, 학생의 일간·주간 진보 정도를 점검할 때 사용할 수 있음	• 의도적으로 특정 단어 또는 발화 자체를 피할 수 있음 • 말 표본을 얻기가 쉽지 않음 • 시간과 노력이 많이 소요됨

02 자발화 표본의 수집

```
┌ 대화방식
├ 상황적 문맥 및 자료
├ 언어표본의 크기
└ 언어표본의 수집 방법에 대한 권고사항
```

① 자발화 표본이 얼마나 아동의 평상시 언어를 ___할 수 있는지가 중요함

→ 간단하게 대답한 말을 표본으로 잡거나, 외우고 있는 이야기나 선전 문구를 표본으로 잡을 경우 아동의 _____을 과소 또는 과대평가하게 됨

② 아동의 '대표적인 발화'를 수집하기 위한 고려사항

㉠ _____를 골고루 수집해야 함

㉡ _____에서 수집해야 함

③ 아동의 '자연스러운 발화'를 수집하기 위한 고려사항

㉠ _____

㉡ 아동의 표현에 대해 질문하거나 모방을 강요하기보다는 아동의 말을 유도하는 간접적인 말이나 아동의 행동을 표현하는 말 또는 독백으로 시작함

㉢ 교사가 대화의 주제를 선택하기보다는 아동이 주도하는 대로 따라가 주는 것이 좋음

03 자발화 표본의 전사

```
┌ 언어표본의 기록 ┬ 언어표본의 기록 방법
│                └ 유의사항
└ 발화의 구분
```

1. 언어표본의 기록 방법

즉석 전사	발화가 많지 않을 경우에 가능함
오디오 녹음	발화와 함께 동반된 몸짓·태도 등을 놓칠 수 있음
비디오 촬영	• 실제 상황을 그대로 재생할 수 있음 • 촬영자가 따로 있어야 하며, 말 명료도가 떨어지는 아동의 발화는 전사하기 어려울 수 있음

2. 발화 기록 시 유의사항

① 아동의 발화 자체만 기록하기보다는 그 말을 할 때의 상황과 대화 상대자의 말도 같이 기록함
　　→ 발화를 통해 의미분석·화용분석 시 아동발화의 ＿＿＿＿＿＿＿＿＿＿＿ 이해에 중요하기 때문

② 아동이 말과 함께 한 ＿＿＿＿＿도 중요한 자료가 됨

③ 아동의 발화가 ＿＿＿＿＿＿＿에 의한 것인지를 기록해 두는 것도 화용분석에 도움 됨

상황	상대자의 말	발화 번호	아동의 말	아동이 하는 말의 자발성*	아동이 하는 말의 적절성	동반된 소리 또는 몸짓
의사 놀이	누가 의사 할까?	1	재민이가	자발	적절	자신을 가리킴
	그럼 내가 환자다.	2	내가 환자다	즉각모방	부적절	

* 자발성은 즉각모방, 지연모방, 자발로 구분함

④ 언어표본 수집 후 낱개의 발화로 정리할 때 유의사항
　아동의 발화뿐 아니라 아동이 말하기 이전 상대방의 말이나 행동, 그때의 상황 등을 기록함. 그러나

3. 발화 구분원칙

① 발화는 문장이나 그보다 작은 언어적 단위로 이루어짐. 발화는 대화의 차례와는 구별되기 때문에 아동이 한숨에 말한 것을 모두 하나의 발화로 분석하지 않음. 또한 말 차례가 바뀌지 않았으나 종결어미, 종결억양, 휴지의 출현 그리고 내용의 완결성이 있을 경우 발화로 구분함

② 시간의 경과(대략 3~5초)나 두드러진 운율의 변화, 주제의 변화가 있을 때는 발화 수를 나눔

③ 같은 말이라도 다른 상황이나 문맥에서 표현되거나, 새로운 의미로 표현되었을 때는 다른 발화로 취급함

④ 2회 이상 동일한 발화가 단순 반복되었을 때는 최초 발화만 분석함

⑤ 자기수정을 했을 때는 최종 수정된 발화만 분석함

⑥ 습관적으로 사용하는 간투사는 분석에서 제외함. 간투사를 많이 쓴 아동에 대해서는 표본 자료의 10%에 해당하는 발화까지만 간투사를 포함해서 분석하고, 나머지는 괄호 처리해 분석에서 제외함

⑦ "아", "오" 등의 감탄하는 소리나 문장을 이어 가기 위한 무의미 소리들은 분석에서 제외함

⑧ 불명료한 발화나 의미파악이 어려운 중얼거림 또는 의미가 없는 단순반응 등의 말은 제외함

⑨ 노래하기, 숫자 세기 등과 같은 자동구어는 발화로 구분하지 않고 분석에서 제외함

✎ 형성평가

정답 및 해설은 동영상강의(유료)로 제공 ●

01 자발화 분석의 장단점을 각각 1가지씩 쓰시오.

05 언어표본 기록 시 '오디오 녹음' 방법에 비해 '비디오 촬영' 방법이 갖는 장점을 1가지 쓰시오.

02 표준화검사와 비교하여 자발화검사가 갖는 특징 및 장점을 각각 쓰시오.

구분	표준검사	자발화검사
장점	실제 언어사용에 대한 정보 수집이 어려움	㉠
정보수집 장소	정적인 상황에서 이루어짐	㉡
활용	객관적 진단 및 평가 자료로 활용됨	㉢

06 자발화 표본의 전사 시 그 말을 할 때의 상황과 아동의 말을 유도한 대화 상대자의 말도 같이 기록하는 이유를 서술하시오.

03 자발화 표본의 수집 시 고려사항을 서술하시오.

07 다음 전사자료가 각각 어떤 오류에 해당하는지 설명하시오.

> ① 비 오면 못 놀아? 왜?
> ② 음 내가 할 거야.
> ③ 빵, 빵, 빵, 빵, 빵 주세요.
> ④ 일 이 삼 사 오 육 칠 육 오 사 삼 이 일

04 자발화 표본의 대표성을 확보하기 위한 방법을 서술하시오.

자발화 분석(2)

04 자발화 평가 영역

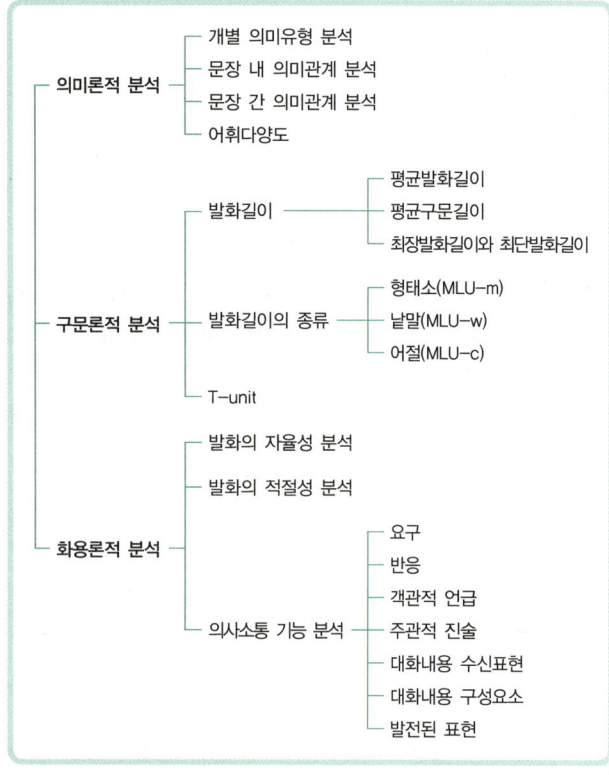

```
            ┌ 개별 의미유형 분석
            ├ 문장 내 의미관계 분석
의미론적 분석 ┤
            ├ 문장 간 의미관계 분석
            └ 어휘다양도

                      ┌ 평균발화길이
            ┌ 발화길이 ─┼ 평균구문길이
            │          └ 최장발화길이와 최단발화길이
            │
            │                ┌ 형태소(MLU-m)
구문론적 분석 ┼ 발화길이의 종류 ─┼ 낱말(MLU-w)
            │                └ 어절(MLU-c)
            │
            └ T-unit

            ┌ 발화의 자율성 분석
            │
            ├ 발화의 적절성 분석
            │
            │                ┌ 요구
            │                ├ 반응
화용론적 분석 ┤                ├ 객관적 언급
            │                ├ 주관적 진술
            └ 의사소통 기능 분석 ┼ 대화내용 수신표현
                             ├ 대화내용 구성요소
                             └ 발전된 표현
```

1. 의미론적 분석

수집된 언어표본에서 의미론적 측면(전달하고자 하는 생각을 _____로 구성했는지)을 파악

① **개별 의미유형 분석**: 어떤 의미유형을 많이 사용하는지, 어떤 의미유형이 아직 나타나지 않는지를 분석함

체언	• 행위자, 경험자, 인용/창조물 • 소유자, 공존자, 수혜자 • 대상, 실체
용언	• 행위: 행위자에 의해 관찰될 수 있는 움직임이나 활동 • 서술: 사물이나 사람이 경험하는 상태나 느낌 　－ 상태서술: -싶다, -안다, 아프다, 되다 등 　－ 실체서술: -이다 　－ 부정서술: 아니다, 없다, 싫다

수식언	• 체언수식: 사물이나 사람을 지시하거나 크기, 모양, 질 등을 나타냄 • 용언수식: 시간, 방법, 빈도, 강도, 질 등 • 배경: _____

② **문장 내 의미관계 분석**: 각 발화 속에 내포된 개별 의미유형들의 관계를 분석

〈공식〉

㉠ 사과 먹었어요.

㉡ 예쁜 신발이야.

㉢ (나는) 언니 정말 미워.

㉣ 이게 아니야.

㉤ (당근을 보며) 못 먹어.

㉥ 나무 밑에서 잤어요.

③ **문장 간 의미관계 분석**: 복문의 문장 간 의미관계(_____)를 분석하고, 각 단문의 문장 내 의미관계를 분석함

* 복문: 주어와 용언 간의 관계가 두 번 이상 맺어짐

㉠ 내가 아기를 안아 주고, 뽀뽀해 주고

㉡ 친구가 때려서 발로 찼어.

㉢ 아프던 아기가 이제 나았대.

④ **어휘다양도(TTR)**: 얼마나 다양한 낱말을 사용하는가를 측정하는 방법

→ _____

→ _____

🔔 .42보다 작은 경우 단어를 반복적으로 사용함을 의미함

2. 구문론적 분석

수집된 언어표본에서 구문론적 측면(문법이나 구문의 형식을 빌려 다른 사람에게 전달하는 것)을 파악

① 평균발화길이(MLU) : _____를 측정
  ㉠ '아, 오, 음, 어' 등의 감탄사나 무의미한 발화는 제외함
  ㉡ 평균발화길이는 아동의 각 발화에 포함된 _____의 수를 평균 내어 구함

② T-unit : _____를 알 수 있음

(1) 형태소(morpheme)에 의한 발화길이 산출

① 형태소 : 한 언어 내에서 의미를 내포하고 있는 가장 작은 단위로서 더 이상 분석하면 뜻을 잃음

② 형태소 구분방법
  ㉠ 같이(together) / 같-이(same)
  ㉡ 그러하게(그러하-게)
  ㉢ 좋아서(좋-아서)
  ㉣ 그렸어요(그리-었-어요)
  ㉤ 갔다올게(가-았-다-오-ㄹ게) / 내가 할게(내-가-하-ㄹ-게)
  ㉥ 수박인 것(수박-이-ㄴ-것)
  ㉦ 하정(이) / 경근-이

③ 형태소에 의한 발화길이 산출방법

$$MLU\text{-}m = \frac{\text{총 형태소 수}}{\text{총 발화 수}}$$

$$MSL\text{-}m = \frac{\text{2개 이상의 형태소로 된 각 발화의 형태소 수의 합}}{\text{2개 이상의 형태소로 된 총 발화 수}}$$

"예", "응"과 같이 한 개의 형태소로 이루어진 발화가 평균발화길이에 주는 영향을 최소화하기 위한 방법

분석한 발화 중 가장 긴 발화의 형태소 수

④ 평균형태소길이(MLU-m)가 증가한다는 것은 문장의 길이가 길어지고, 구조적으로 복잡한 문장을 산출한다는 것을 의미함

(2) 낱말(word)에 의한 발화길이 산출

① 낱말 : 형태소처럼 의미를 가지고 있지만, 형태소와는 다르게 하나 또는 여러 개의 형태소로 구성될 수 있음

② 낱말 구분방법
  ㉠ '조사'는 개별 낱말로 계산함
  ㉡ 달아나다 / 주셨어요 / 줬는데 / 먹었어요
  ㉢ 케이크-요
  ㉣ 먹는-거-야 / 먹-을 거예요

③ 낱말에 의한 발화길이 산출방법

$$MLU\text{-}w = \frac{\text{총 낱말 수}}{\text{총 발화 수}}$$

$$MSL\text{-}w = \frac{\text{2개 이상의 낱말로 된 각 발화의 낱말 수의 합}}{\text{2개 이상의 낱말로 된 총 발화 수}}$$

분석한 발화 중 가장 긴 발화의 낱말 수

MLU-w 분석의 예시

교사발화	아동발화	낱말 분석	낱말 수
경근아	왜요	왜요	1
어제 뭐 했어?	할머니 집 갔어요	할머니+집+갔어요	3
	용돈도 받았는데	용돈도+받았는데	2
	선생님 돈 많아요?	선생님+돈+많아요?	3
아니	난 돈 많아요	난+돈+많아요	3
MLU-w = 12/5			

낱말에 의한 발화길이 산출의 예시

발화	낱말 길이
① 우리 | 엄마가 | 주셨어요	4
② 앉는 | 거-예요	3
③ 포크-로 | 먹-을 | 거예요	5
MLU-w	12/3 = 4

🔖 '앉는 거예요'와 '포크로 먹을 거예요'는 문장성분이 다르기 때문에 낱말 수가 달라짐. '앉는 거-예요'는 [의존명사 '-거' +서술격 조사 '-예요']가 합쳐진 것이므로 2개의 낱말이고, '먹을 거예요'에서의 '거예요'는 동사 1개의 낱말임

(3) 어절(clutters)에 의한 발화길이 산출

① 어절: 품사 중심 / 띄어쓰기 중심

② 어절에 의한 발화길이 산출방법

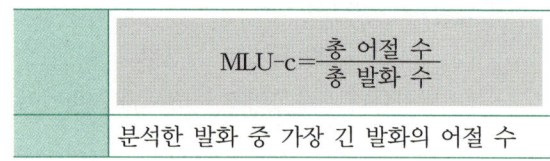

$$\text{MLU-c} = \frac{\text{총 어절 수}}{\text{총 발화 수}}$$

분석한 발화 중 가장 긴 발화의 어절 수

3. 화용론적 분석

수집된 언어표본에서 화용적 측면(구문 구조를 갖추고 의미적인 내용을 포함한 발화를 어떤 목적을 가지고 사용하는지)을 파악

(1) 발화의 자율성 및 적절성 분석

① _____ : 아동이 얼마만큼 자율적인 대화를 하는지 분석하는 것으로, 자발적 문장/모방으로 구분

② _____ : 아동의 발화가 선행발화나 문맥상 적절한지를 분석하는 것으로, 화용적으로 적절한 문장/화용적으로 부적절한 문장으로 구분

(2) 의사소통 기능 분석

① 의사소통 기능 분석 방법

㉠ 의사소통 행동은 상호작용 행동만을 포함함

　　예 신체적으로 근접한 상황에서 나타나는 행동·몸짓·발성, 의사소통 의도가 있고 난 후 3초 이내의 응시 또는 반응

㉡ 비상호작용적 행동은 포함하지 않음

㉢ 의사소통 의도의 산출 형태는 '몸짓이나 발성'이 동반된 형태 또는 '말' 형태로 구분함. 단, 말에 동반되는 몸짓이나 발성은 '말'의 형태로 분석함

㉣ 의미 없는 상투적인 부르기는 전체 자료의 10%만 포함함

㉤ 동일 대상 또는 행위를 연속해 반복적으로 지칭하는 행동들은 한 번만 기록함

② 의사소통 의도의 분석 유형(대화기능 분석)

요	상대방에게 정보, 행위, 사물, 허락을 요구하는 기능
반	상대의 요구에 답하고 대응하는 기능
객	객관적 사실에 대한 언급이나 현재 관찰 가능한 사물·사건에 대한 인지·묘사 등
주	직접적으로 관찰이 가능하지 않은 사실, 규칙, 태도, 느낌, 믿음에 대한 행동이나 진술
수	상대방의 말을 알아들었다는 것을 나타내는 반응
구	개별적 접촉과 대화의 흐름을 조절하는 기능
표	말 산출만으로 성취되는 기능

형성평가

08 ㉠~㉟ 문장들의 의미관계를 분석하시오.

① 상황 : 그림책에서 빗자루질을 하고 있는 아저씨를 보며
  아동 : ㉠ "아저씨 마당을 청소를 해."

② 상황 : 남자 아동이 다치는 그림을 보며
  아동 : ㉡ "오빠가 피나."

③ 상황 : 숨바꼭질을 하면서
  아동 : ㉢ "머리가 보여."

④ 상황 : 물의 형태가 변하는 그림책을 보며
  아동 : ㉣ "물이 얼음이 되었어."

⑤ 상황 : 아동이 아빠의 가방을 들고 나오면서
  아동 : ㉤ "아빠 회사 가."

⑥ 상황 : 엄마가 손을 씻으라고 자꾸 말하니까
  아동 : ㉥ "더러워도 돼."

⑦ 상황 : 아동이 곰 인형에게 숟가락으로 떠먹이며
  아동 : ㉦ "또 먹어."

09 어휘다양도를 구하는 방법을 '분수'와 '나눗셈'의 개념으로 각각 설명하시오.

10 자발화 평가 영역을 쓰시오.

11 평균낱말길이 산출방법을 서술하시오.

12 형태소에 의한 평균구문길이 산출방법을 서술하시오.

13 밑줄 친 ㉠~㉢의 의사소통 기능을 쓰시오.

교사 : 뭐 먹을래?
학생 : ㉠ 햄버거요.
교사 : 무슨 햄버거 먹을래?
학생 : ㉡ 햄버거 먹고 싶어요.
교사 : 뭐라고? 무슨 햄버거?
학생 : 햄버거 먹고 싶어요. 햄버거 맛있어요.
교사 : 주스 먹을래?
학생 : 네. 주스 좋아요. 집에 엄마 있어요. 엄마 집에서 살아요.
교사 : 나도 알아.
학생 : ㉢ 가방 주세요. 집에 갈래요.
교사 : 갑자기 어딜 간다고 그래? 햄버거 먹고 학교에 가야지.

14 밑줄 친 ㉠, ㉡에 해당하는 의사소통 기능을 각각 쓰시오.

상황	상대자의 말	발화번호	학생 K의 말	동반된 소리나 몸짓
쉬는 시간	우유가 있네	1	나도	
		2	㉠ 우유 줘	우유를 가리킴
	우유 마셔	3	㉡ 우유 좋아	

언어발달

학습목표 3가지 언어습득이론을 설명하고, 영아 후기 언어발달 특징에 대해 설명할 수 있다.

01 언어습득이론

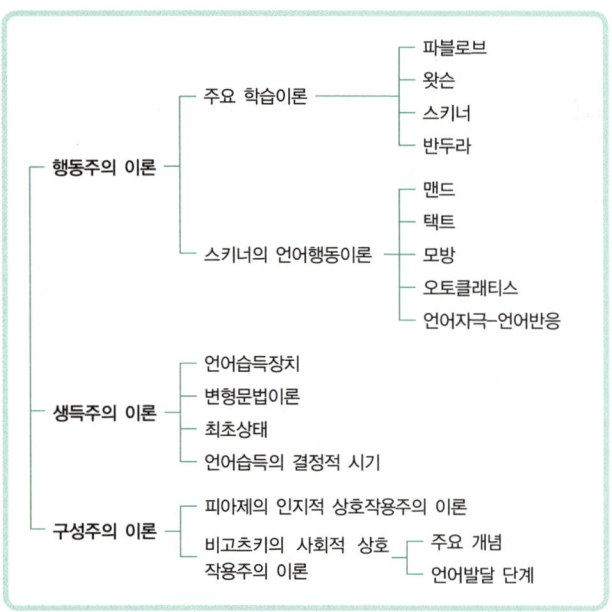

모방 (echoic)	교사가 "사탕"이라고 하자 학생이 "사탕"이라고 반복하는 것처럼, 말소리를 듣고 우연한 기회에 또는 의도적으로 비슷하게 소리를 내는 과정에서 만들어짐(사회적 효력) 예 "이건 뜨거워."라고 엄마가 말하자 "뜨(거)워"라고 따라 말함
오토클래티스 (autoclitics)	언어발달 초기 단계에서는 거의 나타나지 않던 문법을, 성인의 발화를 통해 점차 습득하고 상황적 맥락 속에서 청자의 반응을 고려해 발화하게 됨(직접적 효력) 예 "저기 토끼 있어."라고 말하던 아이가 "저기 토끼가 있는 것 같아"라고 말함
언어자극─ 언어반응 (intraverbal)	• 다른 언어행동에 의해 생겨나는 언어행동 예 "너의 이름이 뭐니?", "오늘은 뭐가 먹고 싶어?" 등과 같은 질문에 대한 답변 • 언어자극─언어반응은 아이가 언어환경에서 직접 경험함으로써 그 상황에 적절한 언어표현을 터득하게 됨(사회적 효력)

1. 행동주의 이론

① 행동주의: 객관적으로 관찰이 가능한 행동 그 자체를 연구 대상으로 함

② 스키너의 언어 유형

맨드 (mand)	아이가 무엇인가를 요구하고 부모가 그 요구를 충족시켜 주는 과정에서 만들어지는 언어행동. 언어습득 시 가장 먼저 사용되는 방법으로, 자연스러운 강화를 통해 나타남(직접적 효력) 예 손으로 원하는 것을 가리키자 엄마가 그것을 꺼내줌
택트 (tact)	대상이나 사건에 이름을 붙이는 기능을 하는 언어반응. '접촉' 또는 '지칭'의 의미를 가지고 있는 택트는 단순히 욕구충족이 아니라 어떤 사물과 접촉했을 때 이루어지는 방법임(사회적 효력) 예 TV에 나온 사자를 보고 "사자"라고 말하자, 엄마가 "그렇지, 똑똑해." 등의 칭찬을 해줌

2. 생득주의 이론

① 생득주의: 인간의 언어습득은 경험에 의한 축적이 아닌 인간 고유의 타고난 능력으로 봄

② _____: 인간은 언어를 학습할 수 있도록 준비된 장치를 가지고 태어남

  ㉠ 모든 언어의 심층구조는 동일함. LAD에 의해서 심층구조를 표층구조로 바꿀 수 있음

  ㉡ 모든 유아는 언어입력이 충분하지 않아도 언어와 문법규칙을 습득하고 무한대의 문장을 생성해낼 수 있음

  ㉢ 최소한의 언어환경에 노출되면, 계획적인 언어훈련 없이도 언어를 습득함

  ㉣ 지능이 뛰어난 유아와 그렇지 않은 유아 모두 언어를 습득할 수 있음

③ 언어습득의 _____: 언어습득에 중요한 시기로, 이 시기에 풍부한 언어자극을 제공해야 함

3. 구성주의 이론

① **구성주의** : ＿＿＿＿＿＿＿을 통해 개인이 지식을 재구성한다고 봄

② **피아제의 인지적 상호작용주의 이론**

　㉠ 언어는 인지적 성숙의 결과로 획득됨

　㉡ 주요 개념 : 도식, 동화, 조절, 평형화

　㉢ 감각운동기(대상영속성)－전조작기(자기중심성)
　　－구체적 조작기－형식적 조작기

자기중심적 언어	'자기중심성'이란 다른 사람의 입장에서 볼 수 없는 유아들의 사고 경향임. 유아들은 세상을 자신의 방식으로 이해하고, 다른 사람이 자기와 똑같이 생각한다고 믿기 때문에 타인의 마음을 읽을 수 없음. 이러한 자아중심성은 언어에서도 나타남. 피아제는 자기중심적 언어에서 사회화된 언어로 언어발달이 이루어진다고 봄 • **반복** : 특정한 누군가에게 말하려는 의도 없이 단지 즐거움을 얻기 위해 단어를 되풀이하는 형태 • **개인적 독백** : 혼자 있을 때 큰 소리로 자기 자신에게 말하는 것 • **집단적 독백** : 두 명 이상의 아이들이 함께 있는 상태에서 서로에게 말을 하고 있는 것 같지만, 실제로는 한 명의 아동이 혼잣말을 하고 다른 아동은 주의를 기울여 듣지 않고 있는 형태

③ 비고츠키의 사회적 상호작용주의 이론

　㉠ 같은 문화권 내 사람들과의 상호작용을 통한 인지발달

　㉡ 주요 개념 : 근접발달영역, 비계, 외적 언어와 내적 언어, 아동지향적 말

✎ 피아제는 아동의 언어가 자기중심적 언어에서 사회화된 언어로 발달한다고 본 반면, 비고츠키는 초기 외적 언어가 나타나고 점차적으로 내적 언어가 출현한다고 주장함

㉢ 비고츠키의 언어발달 단계

전언어적 단계 (초보적 단계, 원시적 단계)	• 0~2세의 영아기 • 울음과 같은 정서 방출 • 타인의 목소리에 대한 사회적 반응 • 부모가 어떤 대상을 특정 단어와 빈번히 짝지어 줌으로써 단어들의 조건반사적 학습 • 언어와 인지가 독립적인 형태로 나타남
상징적 언어 단계 (소박한 심리 단계)	• 약 2세 • 의사소통을 위한 외적 언어(사회적 언어) 단계 • 사고가 단어로 변형 • 문법의 내면적 기능은 인식하지 못함 • 언어와 인지가 만남
자기중심적 언어 단계	• 약 3~6세 • 외적 기호를 내적 문제해결의 보조수단으로 사용 例 손가락으로 수를 세거나, 자신이 활동하는 동안 독백을 하는 형태 • 스스로에게 조용하게 말하는 혼잣말 형태가 나타남
내적 언어 단계	• 말이 사고로 내면화되는 단계 • 자기중심적 언어의 성숙으로 나타남 例 머릿속으로 수를 세며 논리적 기억을 사용

02 언어발달 단계

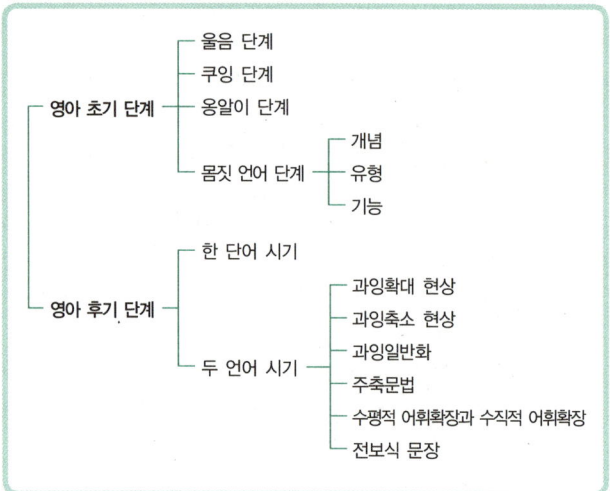

1. 몸짓 언어 단계

① 몸짓이나 제스처를 통한 _____ 능력은 선천적으로 내재된 범언어적 능력이며, 모든 아이들은 태어날 때부터 표현적 몸짓을 가지고 태어남

② 비구어적 의사소통은 상황적 맥락에 의해서만 이해가 되고, 주변 양육자의 해석에 의존해야 하는 한계가 있음

③ 몸짓 언어를 통한 비구어적 의사소통 행동은 사회성 발달, 특히 정서적 영역에서 매우 중요함

④ 몸짓언어의 유형

지시적 몸짓	• 뻗기, 건네주기, 보여주기, 가리키기 등으로 맥락에 의해 화자의 의도를 파악할 수 있는 몸짓 • 대개 8~10개월 사이에 나타나며, 어떤 사물이나 사건이 존재할 때 수행되는 몸짓
표상적 몸짓	• 이 닦기, 머리 빗기, 잠자기, 전화하기 등과 같이 상징적 의미가 일관성 있게 보이는 몸짓. 어떤 대상이나 행위의 특성을 표상해서 행동으로 묘사하는 몸짓 • 일반적으로 12개월경에 나타나며, 연령이 높아질수록 지시적 몸짓이 줄고 표상적 몸짓의 출현이 증가함
관습적 몸짓	손 흔들기, 고개 끄덕이기, 고개 젓기 등과 같이 몸짓의 형태와 의미가 문화적으로 정해진 몸짓

⑤ 몸짓언어의 기능 : _____

2. 두 단어 시기 언어발달 특성

_____에서 나타나는 정상적인 어휘발달과정에서의 오류

① _____ : 자신이 알고 있는 어휘를 너무 넓은 범위까지 적용시켜 사용하는 것

예 다리 4개 동물을 모두 '개'라고 부르거나 안경 쓴 남자를 모두 '아빠'라고 함

② _____ : 자신이 경험한 제한된 상황에서만 그 낱말을 사용하는 것

예 자기 집 강아지만 '개', 내가 앉아 있는 것만 '의자'라고 함

③ _____ : 언어를 배우는 과정에서 사용규칙을 일반화하는 것으로, 문법습득 과정에서 많이 나타남

예 삼촌이가, 벚꽃이가

④ **주축문법** : 주축이 되는 단어를 중심으로 새로운 단어를 조합해 문장을 표현하는 것 예 안+가, 안+밥

⑤ **수평적 어휘확장** : 단어의 여러 가지 속성을 알고 다양한 상황에서 그 단어의 의미를 경험함으로써 한 단어의 관습적 의미를 이해하며 어휘를 배우는 것

예 학교(공부하는 곳, 교도소)

⑥ **수직적 어휘확장** : 어떤 어휘의 개념 속성을 학습하면 이와 관련된 단어들을 하나의 의미 집합체로 구성할 수 있게 되어 어휘를 배우는 것 예 학교(초·중·고)

⑦ _____ : 조사나 문법적 의미를 가진 단어들은 모두 생략하고 대부분 핵심단어로만 이루어진 문장을 산출함 예 나 바나나 좋아

> **더 알아보기** **과잉확대와 과잉일반화**
>
> '과잉확대'는 언어의 의미론적 측면에서 어떤 단어가 그 단어가 의미하는 것보다 광범위하게 사용하는 경우이고, '과잉일반화'는 아동이 과거시제·단수와 복수 등 구문기능을 사용하는 법을 배울 때, 즉 문법 습득 과정에서 나타나는 시스템적 오류를 의미함

✎ 형성평가

정답 및 해설은 동영상강의(유료)로 제공 ●

01 언어습득장치(LAD)가 존재하는 근거를 4가지 쓰시오.

05 언어발달 초기에 나타나는 몸짓언어의 유형 3가지와 예시 1가지를 쓰고, 몸짓언어의 의의를 1가지 서술하시오.

02 피아제가 제시한 ㉠ 자기중심성의 개념을 쓰고, ㉡ 자기중심적 언어의 3가지 유형을 쓰시오.

06 일어문 시기에서 보이는 아동 언어 사용의 한계점을 서술하시오.

03 비고츠키의 언어발달 단계를 순서대로 쓰고 간략히 설명하시오.

07 탈문맥적 어휘 사용의 중요성을 설명하시오.

04 다음 용어를 개념적으로 정의하시오.

> ㉠ 근접발달영역(ZPD)
> ㉡ 외적 언어와 내적 언어
> ㉢ 아동지향적 말

08 다음에 해당하는 어휘확장 유형을 쓰시오.

> 개의 속성을 알게 된 학생이 개와 염소, 말, 양과 같은 동물과의 관계를 알게 되면서 동물이라는 집합체로 이해하는 경우

09 두 단어 시기의 어휘발달 특징 중 과잉확대와 과잉축
소의 개념을 서술하고, 그 예를 각각 1가지씩 쓰시오.

10 과잉확대와 과잉일반화의 차이점을 비교하시오.

11 주축문법에서 '주축어'가 갖추어야 할 특징을 4가지
서술하시오.

12 전보식 문장의 개념을 서술하시오.

김은진
스페듀
합격노트
Vol. 1

Special Education

PART

02

정서 · 행동장애

정서 및 행동장애의 이해

01 정서 및 행동장애의 정의

- 「장애인 등에 대한 특수교육법」의 정의
- 임상적 정의
- 교육적 정의
- 정서 및 행동장애의 정의를 어렵게 하는 요인
- 학자 및 법적 정의의 공통성

1. 특수교육법 정의

정서·행동장애를 가진 사람은 장기간에 걸쳐 다음 각 목의 어느 하나에 해당하여, 특별한 교육적 조치가 필요한 사람을 말한다.

> 가. 지적·감각적·건강상의 이유로 설명할 수 없는 학습상의 어려움을 지닌 사람
> 나. 또래나 교사와의 대인관계에 어려움이 있어 학습에 어려움을 겪는 사람
> 다. 일반적인 상황에서 부적절한 행동이나 감정을 나타내어 학습에 어려움이 있는 사람
> 라. 전반적인 불행감이나 우울증을 나타내어 학습에 어려움이 있는 사람
> 마. 학교나 개인 문제에 관련된 신체적인 통증이나 공포를 나타내어 학습에 어려움이 있는 사람
> 🖋 **선별검사 및 진단평가 영역**: 적응행동검사, 성격진단검사, 행동발달평가, 학습준비도검사

2. 법적⊂임상적⊂교육적 정의의 포함관계

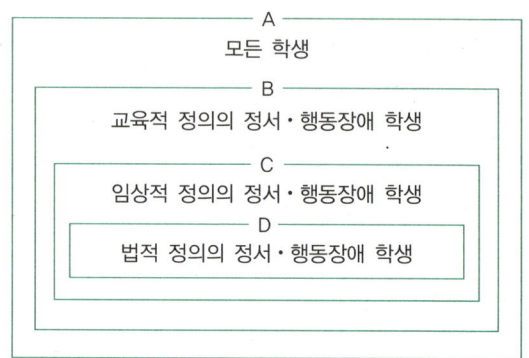

① 법적 정의는 아동이 특수교육대상자로 적격한가를 결정하는 '적부성(eligibility)'에 해당됨
② 임상적 정의는 아동이 장애를 가지고 있는가를 결정하는 '진단(diagnosis)'에 해당됨
③ 교육적 정의는 아동을 심층평가에 의뢰할 것인가를 결정하는 '선별(screening)'에 해당됨

3. 정서 및 행동장애 정의의 공통성

일반아동도 정서 및 행동장애 아동과 같이 부적절한 행동을 하지만, 정서 및 행동장애 아동은 또래집단의 규준에 비해 _____ 등의 측면에서 편향된 특성을 보임

02 정서 및 행동장애의 선별과 진단

- 행동장애의 체계적 선별(다관문 절차; SSBD)
- KISE 정서·행동장애 선별검사
- 한국판 정서·행동문제 검사-2판(K-SEAD-2)
- 유아·아동·청소년 행동평가척도(ASEBA)

1. 체계적 선별(다관문 절차; SSBD)

① 통합적 선별 절차

ㄱ _____

ㄴ _____

ㄷ _____

ㄹ 의뢰 전 중재 또는 진단·평가 의뢰

② SSBD는 개별 차원이 아닌 학급, 학교, 교육청과 같은 대규모 선별을 위해 개발된 모델('_____')임

③ SSBD의 장점

ㄱ 모든 아동을 대상으로 선별의 과정을 적용함

ㄴ 선별의 과정에서 교사의 판단을 활용함

ㄷ 외현적 문제를 가진 아동뿐 아니라 내재적 문제 아동도 선별하고 이를 통해 _____를 최소화

2. KISE 정서·행동장애 선별검사

① 검사대상: 유치원~고등학교 3학년

② 검사방법: 최소한 3개월 이상 생활한 사람이 평정

③ 검사특징: 초·중·고등학생용은 유아용과는 달리 진단검사 필요 여부를 판정할 때 학업성취수준을 고려함

④ 검사영역: _____

3. K-SEAD-2

① 검사대상: 만 6~18세

② 검사구성: _____

③ 검사방법: 학생의 행동에 대해 잘 알고 있는 성인이 평정

④ 검사결과: 5개 하위척도별 백분위점수·척도점수(10, 3), 전체 백분위점수·정서행동문제지수(100, 15)

4. ASEBA

① 검사대상: 만 6~18세

② 검사구성: _____

③ 검사결과: 백분위, T점수

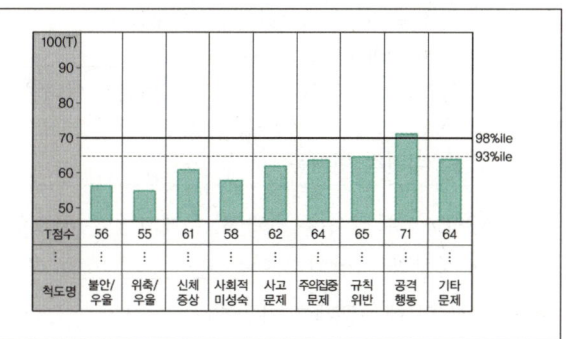

03 정서 및 행동장애의 분류

- 의학적 분류(임상적·범주적 분류)
- 교육적 분류(행동적·차원적·경험적 분류)
- 장애의 공존

1. 의학적 분류(임상적·범주적 분류)

① 정신장애진단통계편람(DSM), 국제질병분류(ICD)

② DSM은 범주적(_____)으로 정신장애를 분류하기 때문에 진단준거를 충족하는지 여부로 판단

③ 정서 및 행동장애의 각 하위 유형을 식별하는 데 초점을 두기 때문에 _____가 발생함

2. 교육적 분류(행동적·차원적·경험적 분류)

① 내재화 요인과 외현화 요인: 두 범주는 상호배타적인 것은 아니며, 한 아동이 각 범주의 특성을 동시에 혹은 번갈아가면서 보일 수도 있음

내재화 요인	외현화 요인
• 과잉통제 • 교사의 주목을 받지 못할 가능성이 크고, 이로 인해 적절한 중재와 지원을 받지 못하는 가운데 내재화 문제가 더욱 심각해질 수 있음 → _____ 등 내면적 어려움	• 통제결여 • 개인의 정서 및 행동상의 어려움이 타인이나 환경을 향해 표출되는 상태임 → _____ 등 외현적 어려움

② ASEBA : 특정 수준 초과 시 문제가 있는 것으로 판단
→ 정상과 이상의 차이는 _____로 간주

③ 정서 및 행동문제를 차원적(_____)으로 분류
하기 때문에 정도만 다를 뿐 모든 차원에서 특성을
보임(낮은 수준/중간 수준/높은 수준)

④ 장점 : _____

3. 장애의 공존

_____ : 한 개인에게 두 가지 이상의 장애
상태가 동시에 나타나는 것을 말함

예 정서 및 행동장애가 다른 장애(학습장애 등)와 함께 나타나는 것
뿐 아니라 정서 및 행동장애에 포함된 하위 범주들이 함께 나타나
는 것(우울장애와 품행장애 등)

형성평가

정답 및 해설은 동영상강의(유료)로 제공 ●

01 「장애인 등에 대한 특수교육법」에 제시된 정서·행동장애의 정의를 쓰시오.

05 정서·행동장애의 체계적 선별(다관문 절차)의 장점을 2가지 서술하시오.

02 「장애인 등에 대한 특수교육법」에 명시된 정서·행동장애의 진단평가 영역 4가지를 쓰시오.

06 아동·청소년 행동평가척도 부모보고형(K-CBCL) 검사의 구성요소를 2가지 쓰시오.

03 정서·행동장애 학생과 일반적인 정서·행동문제를 보이는 학생을 구분하는 특성을 3가지 쓰시오.

07 정서·행동장애의 의학적 분류의 문제점을 쓰시오.

08 정서·행동장애의 교육적 분류의 장점을 쓰시오.

04 정서·행동장애의 체계적 선별(다관문 절차)의 3단계를 각각 간략하게 설명하시오.

09 정서·행동장애에 대한 교육적 분류의 유형을 2가지
쓰고, 각 유형에 해당하는 정서 및 행동의 어려움을 2가
지씩 쓰시오.

10 장애의 공존(장애의 동시발생)의 개념을 서술하시오.

11 정서·행동장애의 의학적 분류와 교육적 분류의 차이
점 3가지를 비교하여 서술하시오.

Chapter 02 정서 및 행동장애의 원인

학습목표 정서 및 행동장애를 초래할 수 있는 위험요인과, 이를 예방할 수 있는 보호요인에 대해 설명할 수 있다.

01 위험요인

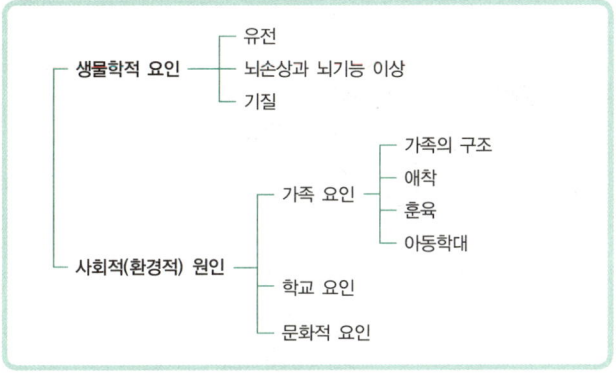

1. 정서 및 행동장애의 원인

① _____ : 정서 및 행동 문제에 영향을 미치는 객관적 요인

② _____ : 위험요인에 직면했을 때 부정적인 영향력을 완화시켜 문제행동 발생 가능성을 낮춤 → 적응유연성(회복탄력성)을 증가시키고 위험요인에 대한 대처능력을 향상시키는 요인임

③ 직접적인 중재 전 위험요인과 보호요인을 살펴보고, 위험요인은 줄이고 보호요인을 강화하는 방향으로 중재를 계획해야 함

(1) 기질

① **정의**: 선천적으로 타고나는 생물학적 특성으로, 특정 기질 자체가 장애를 유발하는 것이 아니라 기질과 양육자 간 상호작용에 의한 결과로 장애가 유발될 수 있음

② 3가지 기질의 유형(토마스와 체스)

순한 기질 (easy child)	• 40% 정도의 영아가 순한 기질을 가지고 태어남 • 규칙적인 수유나 수면주기를 보이고, 새로운 생활습관에 잘 적응하고 좌절에도 적절히 순응함. 즐거운 기분으로 혼자서도 잘 놀며, 사람들과도 잘 어울림
까다로운 기질 (difficult child)	• 약 10%의 영아가 까다로운 기질을 가지고 태어남 • 불규칙한 수유·수면·배변 습관을 보이고, 활동성이 높으며, 하나의 장난감을 가지고 노는 시간이 짧고 자리 옮김이 심함. 고집이 세고 자주 불행해하며, 적대적인 정서를 많이 표현하고 조그만 좌절에도 강한 반응을 보임. 새로운 상황이나 사람에게 적응하는 데도 시간이 많이 필요함
느린 기질 (slow to warm up)	• 약 15%의 영아가 느린 기질을 보임 • 생물학적 규칙성을 보이며, 활동성이 높지 않고 수동적임. 새로운 사건이나 사물을 접할 때 경계심을 가지고 불안해하지만, 탐색할 시간이 주어지면 느리지만 조심스럽게 접근하면서 결국에는 적응해 흥미를 가지고 참여하는 편임

(2) 애착

① **정의**: 생애 초기 영아와 양육자 사이에 형성되는 친밀한 정서적 유대감

② 애착의 유형(에인스워드)

유형	아동의 특성
안정애착 (65%)	안정애착 유형의 아동은 낯선 사람보다는 어머니에게 더 확실한 관심을 보임. 어머니를 _____로 삼아 친숙하지 않은 상황에서도 주위를 탐색함. 어머니와 분리된 상황에서 불안해하지만, 능동적으로 위안을 찾으며, 어머니가 돌아오면 반가워하고 쉽게 안정됨
회피애착 (20%)	회피애착 유형의 아동은 어머니에게 별로 반응을 보이지 않음. 어머니가 떠나고 낯선 사람과 있는 불안한 상황에서도 울지 않고, 어머니가 돌아와도 무시하거나 회피함. 낯선 사람과 마찬가지로 어머니와의 친밀감을 추구하지 않음

저항애착 (10~15%)	저항애착 유형의 아동은 어머니와 함께 있는 중에도 불안해하며, 어머니 옆에 붙어서 주위를 별로 탐색하려 하지 않음. 어머니와 헤어질 때 강하게 저항하며, 어머니가 돌아와도 안정감을 느끼지 못하고 화를 내며 거부함
혼란애착 (5~10%)	혼란애착 유형의 아동은 불안정애착의 가장 심한 형태로, 부모가 보이지 않으면 계속 울지만 돌아왔을 때도 얼어붙은 표정으로 어머니에게 접근하거나, 어머니가 안아 줘도 먼 곳을 쳐다보는 등 혼란스러운 모습을 보임

(3) 훈육

① **부적 강화의 덫**: 강압적인 상호작용 패턴으로 공격적인 아동의 문제행동이 부적 강화에 의해 유지됨

② **부모의 양육방식(Wicks-Nelson & Israel, 2009)**: 통제(control)와 수용(acceptance)이라는 2개의 차원에 따라 네 가지 유형(권위적, 권위주의적, 관대한/허용적, 무관심한)으로 분류됨

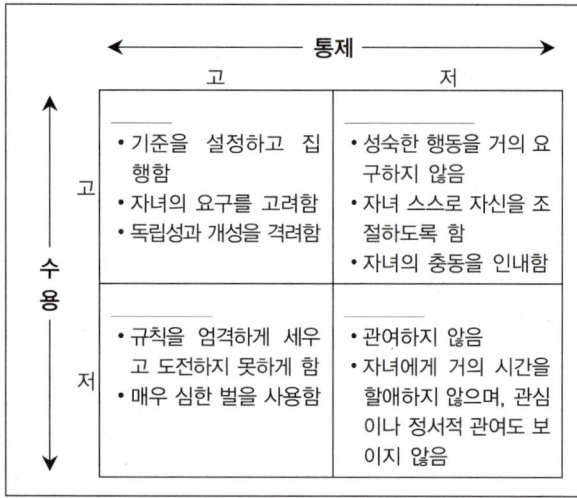

02 보호요인

- 개인 요인
- 가족 요인
- 가족 외부 요인

범주	보호요인의 예
개인	• 높은 지능 • 순한 기질 • 자아효능감 • 높은 자아존중감 • 사교적 성향
가족	• 권위적 양육 • 부모의 따뜻함 • 지지적 확대가족 구성원 • 경제적 혜택
가족 외부	• 또래와의 유대관계 • 친밀한 학생-교사관계 • 효율적인 학교 • 친사회적 단체와의 연계

형성평가

정답 및 해설은 동영상강의(유료)로 제공

01 토마스와 체스가 분류한 기질의 3가지 유형을 쓰고, 기질이 장애의 출현에 미치는 영향을 서술하시오.

04 혐오적인 상호작용은 그 빈도와 강도에 있어 점점 부적 강화됨을 설명하는 용어를 쓰시오.

02 에인스워드의 애착이론에 근거하여, 불안정애착의 3가지 유형을 쓰고, 간략히 설명하시오.

05 훈육의 유형을 구분하는 기준을 쓰고, 기준에 따라 4가지 훈육의 유형을 분류하시오.

03 (㉠)은/는 정서 · 행동장애의 발생 가능성을 증가시키는 객관적 요인이고, (㉡)은/는 부정적인 영향을 완화시켜 정서 · 행동장애 발생 가능성을 낮추는 요인이다.

정서 및 행동장애의 개념적 모델(1)

학습목표 신체생리학적 모델, 심리역동적 모델, 행동주의적 모델의 기본적 견해, 원인, 진단 및 평가방법, 중재방법에 대해 설명할 수 있다.

01 신체생리학적(생물학적) 모델

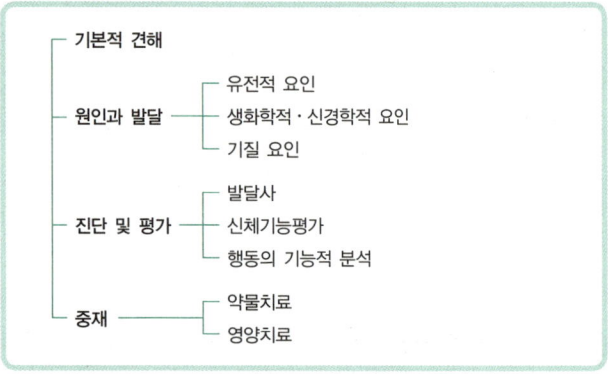

① 기본적 견해 : 생리학적 · 생물학적 비정상성으로 초 래된 장애

② 교사의 역할 : _____

02 심리역동적(정신역동적) 모델

① 기본적 견해 : _____로 (예 방어기제, 욕구, 충동, 불안, 죄의식, 갈등 등) 정서 및 행 동 문제 발생 → 내적 갈등을 해결해 건강한 심리적 기능을 촉진하여 치료

② 원인 : Freud, Erikson, Rogers, Maslow

더 알아보기 심리역동적 모델의 원인론

- Freud **심리성적 발달이론** : 각 발달단계에서 발생한 갈 등이나 트라우마가 미해결되었을 때 EBD 발생
- Erikson **심리사회적 발달이론** : 각 발달단계에서 경험한 심리적 갈등이 미해결되었을 때 EBD 발생
- Rogers **인본주의 이론** : 개인의 자아와 이상적 자아 간 불일치로 인해 EBD 발생
- Maslow **욕구위계이론** : 주로 하위단계의 욕구가 충족되지 않았을 때 EBD 발생

③ 진단

㉠ _____ : 중성적 또는 불분명한 자극이 주어 졌을 때 자극에 대한 자신의 느낌을 왜곡 없이 투사함

예 로샤 잉크반점 검사, 아동통각검사, 문장완성법, 인물화 검사, 집-나무-사람 검사 등

㉡ 자기보고식 검사 : 아동이 자신과 세상, 미래를 어떻게 지각하는지에 대한 정보를 얻음

④ 중재

㉠ 심리치료 : 내담자로 하여금 자신의 내면에 존재 하는 무의식적 내용을 인정하는 능력을 향상

㉡ 현실치료 : 내담자로 하여금 스스로 행동을 선택, 결정, 책임지도록 강조

㉢ 집단중재 : 갈등의 원인을 집단중재를 통해 공개 적으로 다룸

03 행동주의적 모델

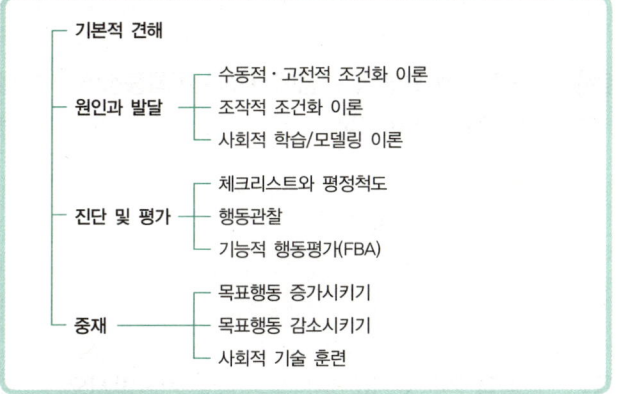

- 기본적 견해
- 원인과 발달
  - 수동적·고전적 조건화 이론
  - 조작적 조건화 이론
  - 사회적 학습/모델링 이론
- 진단 및 평가
  - 체크리스트와 평정척도
  - 행동관찰
  - 기능적 행동평가(FBA)
- 중재
  - 목표행동 증가시키기
  - 목표행동 감소시키기
  - 사회적 기술 훈련

① 기본적 견해: _____으로 인해 정서 및 행동 문제가 발생하므로 잘못 학습된 행동을 제거하거나 바람직한 행동으로 대체해 치료

② 원인: Pavlov, Skinner, Bandura

더 알아보기 **Pavlov의 고전적 조건화**

1. 조건형성 전	2. 조건형성 전
무조건 자극 (UCS) → response → 무조건 반응 (UCR)	중립 자극 (NS) → response → 반응 없음

3. 조건형성 중	4. 조건형성 후
무조건 자극 + 중립 자극 → response → 무조건 반응 (UCR)	조건 자극 (CS) → response → 조건 반응 (CR)

중립 자극이 무조건 자극과 반복적으로 연합되면서 무조건 반응을 유발시키는 과정. 조건화가 이루어지면 중립 자극은 조건 자극이 되어 조건 반응을 이끌어 냄

더 알아보기 **Skinner의 조작적 조건화**

인간의 모든 행동(B)은 선행하는 사건에 자극(A)을 받으며 행동의 결과(C)로 어떠한 보상이나 벌을 받았는지에 따라 조건화됨

③ 진단: 체크리스트와 평정척도, _____, 행동관찰

---

④ 중재

㉠ 목표행동 증가시키기: 정적 강화, 유관계약, 행동계약 등

㉡ 목표행동 감소시키기: 소거, 벌, 차별강화 등

㉢ 사회적 기술 훈련(SST): 구체적인 사회적 기술 요소를 지도하는 훈련 프로그램

스킬스트리밍 (McGinnis & Goldstein)	• 아동과 청소년에게 친사회적 기술(prosocial skills)을 가르치기 위해 개발한 구조화된 훈련 프로그램으로, 시범·역할놀이·피드백·일반화 등 네 가지 요소로 구성되어 있음 　- 시범: 학생으로 하여금 다양한 상황에서 나타나는 숙련된 수행의 예를 접하게 함 　- 역할놀이: 시범을 보이고 나면, 역할놀이를 통해 다양한 상황에서 시연할 기회를 학생에게 제공함 　- 피드백: 역할놀이에서 나타난 학생의 수행에 대해 피드백을 제공함 　- 일반화: 다른 장소로 일반화될 수 있도록 학생에게 과제를 완성하게 함 • 유아용, 초등학생용, 청소년용으로 구성됨 • 사회적 기술 훈련의 지도절차는 ① 사회적 기술 정의 ② 사회적 기술 모델링 ③ 학생의 요구 파악 ④ 연기자 선정 ⑤ 역할극 준비 ⑥ 역할극 수행 ⑦ 피드백 제공 ⑧ 과제 부여 ⑨ 다음 연기자 선정의 9단계로 이루어짐
사회적 기술 평정체계 (Gresham & Elliott)	• Gresham은 사회성 기술을 다른 사람들과 효과적으로 상호작용하고 다른 사람이 보이는 받아들일 수 없는 행동은 피하는, 사회적으로 수용 가능한 학습된 행동이라고 정의함 • 사회성 기술을 협력, 자기주장, 책임, 공감, 자기통제 등의 5가지 영역으로 나누어 평가함 • 이러한 사회성 기술은 개인이 가정, 학교, 지역사회 등의 환경 속에서 타인과 효과적으로 상호작용하며 사회의 구성원으로 잘 적응하며 살아가는 데 필요한 핵심 기술이라고 할 수 있음

형성평가

정답 및 해설은 동영상강의(유료)로 제공 ●

01 신체생리학적 모델의 관점에서 교사의 역할을 쓰시오.

02 심리역동적 모델의 관점에서 정서·행동장애가 발생하는 이유를 서술하시오.

03 Maslow의 욕구위계이론에 근거하여 ① 성장욕구와 ② 결핍욕구에 해당하는 욕구를 쓰시오.

04 심리역동적 모델에 근거한 진단 및 평가방법으로 투사법이 무엇인지 쓰고, 투사법의 예를 2가지 제시하시오.

05 투사법의 문제점을 1가지 쓰시오.

06 행동주의적 모델의 관점에서 정서·행동장애가 발생하는 이유를 서술하시오.

07 '행동의 기능평가(FBA)'의 개념을 서술하시오.

08 Pavlov와 Skinner의 학습원리를 비교할 때, '자극과 반응'의 관계를 중심으로 차이점을 비교하여 설명하시오.

09 스킬스트리밍 전략의 주요 네 가지 요소를 쓰고 간략히 설명하시오.

10 Gresham과 Elliott이 제시한 사회적 기술 평정체계(SSRS)에서 측정하는 사회적 기술의 5가지 하위 영역을 쓰시오.

정서 및 행동장애의 개념적 모델(2)

04 인지주의적 모델

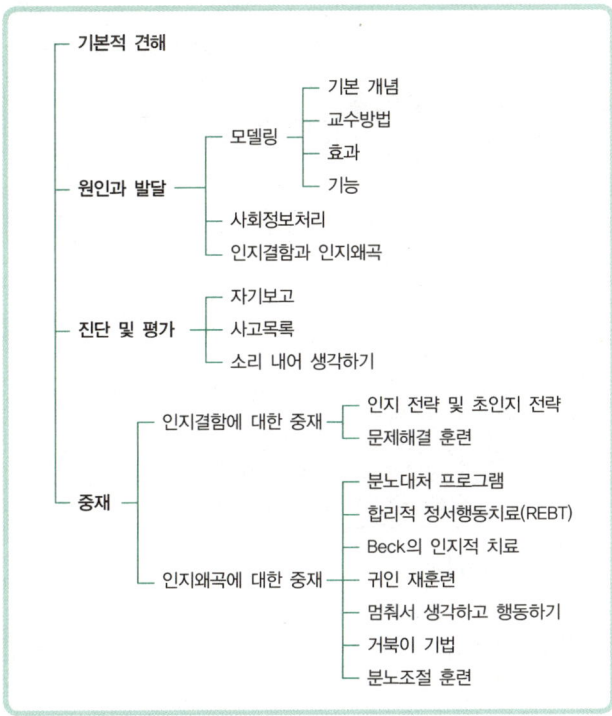

```
┌ 기본적 견해
│                    ┌ 기본 개념
│            ┌ 모델링 ┤ 교수방법
│            │        │ 효과
├ 원인과 발달 ┤        └ 기능
│            ├ 사회정보처리
│            └ 인지결함과 인지왜곡
│                    ┌ 자기보고
├ 진단 및 평가 ┤ 사고목록
│            └ 소리 내어 생각하기
│            ┌ 인지결함에 대한 중재 ┌ 인지 전략 및 초인지 전략
│            │                    └ 문제해결 훈련
│            │                    ┌ 분노대처 프로그램
└ 중재       ┤                    │ 합리적 정서행동치료(REBT)
             │                    │ Beck의 인지적 치료
             └ 인지왜곡에 대한 중재 ┤ 귀인 재훈련
                                  │ 멈춰서 생각하고 행동하기
                                  │ 거북이 기법
                                  └ 분노조절 훈련
```

1. 인지주의적 모델 개관

① **기본적 견해** : 정서 및 행동장애가 부적응적인 인지적 과정(_____, _____) 또는 _____ 에 기인

② **원인** : 모델링, 사회정보처리, 인지결함과 인지왜곡

③ **진단**

    ㉠ **자기보고** : 자기보고 형태의 _____ 등을 통해 자신의 부정적 사고에 대한 정보 수집

    ㉡ **사고목록**(thought listing) : 특정한 시간이나 활동을 하는 동안 생각했던 모든 것을 목록화

      → _____

    ㉢ **소리 내어 생각하기**(think aloud) : 자신의 마음 속에 일어나고 있는 것을 모두 말하도록 함

④ **중재** : 인지결함 중재, 인지왜곡 중재

2. 인지주의적 모델의 원인과 발달

(1) 모델링

① **개념** : 모델링은 사회적 인지이론을 바탕으로 함

    → 하나 혹은 그 이상의 모델을 관찰함으로써 행동적·인지적·정서적 변화를 일으키게 하는 일반적인 의미

② **교수방법** : 관찰학습, 또래 또는 자기(비디오)모델링

③ **모델링의 기능**

    ㉠ **반응 촉진** : 행위를 위한 단서로 작용

    ㉡ **금지/탈금지**

      – 금지 : 모델이 특정 행동 후 처벌받는 장면을 관찰한 후 그 행동은 금지하거나 억제됨

      – 탈금지 : _____

    ㉢ **관찰학습 단계**(주 → 파 → 재 → 동)

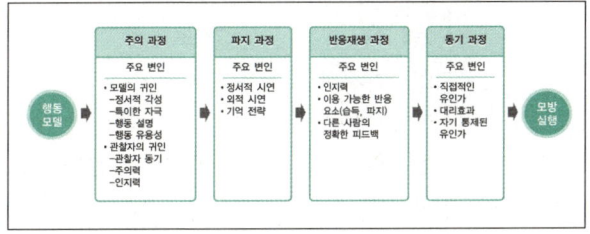

④ **모델링 과정**

    ㉠ **습득과 관찰학습** : 주의, 파지, 반응재생은 주로 모델을 관찰하면서 습득하는 새로운 행동과 관련

    ㉡ **수행과 대리효과** : 모델 관찰 결과에 따라 학생의 행동이 더 나타나기도, 덜 나타나기도 함

      • _____ : 모델 행동으로부터 좋은 결과를 습득해 학생이 그 행동을 모방함

      • _____ : 모델 행동으로부터 좋지 않은 결과를 얻었다면 학생은 모델과 비슷하게 행동하지 않음

(2) 인지결함과 인지왜곡

3. 인지주의적 모델의 중재

🔍 인지적 중재기법들의 종류와 분류

문제의 원인	방법	기법
인지적 왜곡	인지적 재구조화	Ellis의 합리적-정서행동치료
		Beck의 인지적 치료
인지적 결함	인지적 대처기술 훈련	Meichenbaum과 Goodman의 자기교수 훈련
		D'Zurilla와 Goldfried의 문제해결 훈련
자기통제의 결여	자기관리 훈련	자기점검
		자기평가
		자기강화

(1) 인지결함에 대한 중재

① 인지결함의 관점 : 필요한 _____로 나타난다고 봄

② 인지결함에 대한 중재

　㉠ _____ : 문제해결과정 및 특정 과제 수행을 위해 사용하는 정신적인 전략

　　예 시연, 정교화, 조직화

　㉡ 초인지 전략 : 자신의 인지과정을 통제해 학습하는 능력으로, 자신의 학습을 계획·점검·평가하는 능력 → _____가 포함됨

　　• 정의 : 자신의 행동을 규제하기 위해 자기 자신에게 이야기하는 과정으로, 과제 수행에 필요한 의사결정과 행동실행의 지침을 스스로 이야기함

　　• 교수절차(마이켄바움과 굿맨)

1. 인지적 모방	• 교사는 큰 소리로 과제 수행의 단계를 말하면서 시범을 보임 • 학생은 이를 관찰함
2. 외적 모방	학생은 교사의 지시에 따라 교사가 말하는 자기교수의 내용을 그대로 소리 내어 따라 말하면서 교사가 수행하는 것과 똑같은 과제를 수행함. 즉, 1단계에서 관찰한 내용을 지시에 따라 그대로 따라함
3. 외적 자기교수	• 학생은 큰 소리로 과제 수행 단계를 말하면서 같은 과제를 수행함. 즉, 2단계를 교사의 모델링 없이 스스로 해봄 • 교사는 관찰과 피드백을 제공함
4. 외적 자기교수 용암	• 학생은 작은 목소리로 과제 수행 단계를 속삭이면서 과제를 수행함 • 교사는 관찰과 피드백을 제공함
5. 내적 자기교수	학생은 소리 내지 않고 내적 언어를 사용하며 과제를 수행함

　　• 진술문의 예시

문제의 정의	문제가 무엇이지? 내가 할 것은 무엇이지?
주의집중과 행동의 지시	어떻게 해야 하지? 내 계획이 무엇이지?
자기강화	난 잘하고 있나? 난 계획대로 하고 있나?
자기평가와 오류수정	어떻게 끝낼 수 있었지? 내가 문제를 해결한 방법이 무엇이었지?

　　• 장점 : _____
_____

　㉢ 문제해결 훈련 : 갈등·선택·문제상황에 직면했을 때 효과적으로 대처하고 해결하는 능력을 지도하는 것으로, 문제에 대한 해결책을 배우는 것이 아닌 문제해결과정을 배움

　　→ _____

　　예 개인적(사회적) 문제해결 훈련, 대인관계 문제해결 훈련

(2) 인지왜곡에 대한 중재

① 인지왜곡의 관점 : _____에 의해 발생한다고 봄

② 인지왜곡에 대한 중재 : 왜곡된 정보처리 수정, 왜곡된 신념 및 귀인 수정

　㉠ 분노대처 프로그램 : 강한 정서적 각성과 공격행동을 초래하는 _____의 오류를 수정

　㉡ 합리적 정서행동치료(REBT) : 비합리적 신념을 _____을 통해 합리적 신념으로 전환(ABC, ABCDE)

　㉢ Beck의 인지적 치료 : 역기능적 사고 습관을 찾아내어 교정하면 행동이 호전된다고 주장함

　㉣ 귀인 재훈련 : 잘못된 귀인을 바람직한 귀인으로 전환 → _____으로 귀인

　*귀인 : 성공·실패의 원인에 대해 생각하는 신념

　　• _____ : 지속성을 근거, 시간의 흐름에 따라 그 요인의 변화 여부로 구분

　　• _____ : 행동이나 결과의 원인이 개인 내부 또는 외부 요인에 의한 것인지로 구분

　　• _____ : 행위자가 그 원인을 통제할 수 있는지로 구분

통제 가능성	내부		외부	
	안정적	불안정적	안정적	불안정적
통제 가능				
통제 불가능				

　㉤ 멈춰서 생각하고 행동하기 : 교실 상황에서 일어나는 아동의 충동적인 행동을 즉각적으로 다루기 위해 거리에 있는 교통신호 등을 활용함

　㉥ 거북이 기법 : 어린 아동의 화를 통제하도록 도움

　㉦ 분노조절 훈련 : 문제해결 훈련 과정과 같이 분노 상황을 인식하고, 분노를 일으키는 요인을 찾고, 여러 대안적인 대처 전략을 생각해 하나를 선택하고 실행한 후 평가하는 것을 배움

05 생태학적 모델

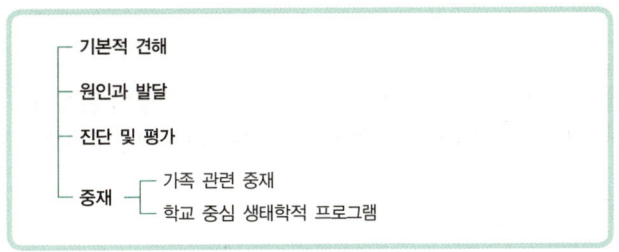

- 기본적 견해
- 원인과 발달
- 진단 및 평가
- 중재 ── 가족 관련 중재
　　　　└ 학교 중심 생태학적 프로그램

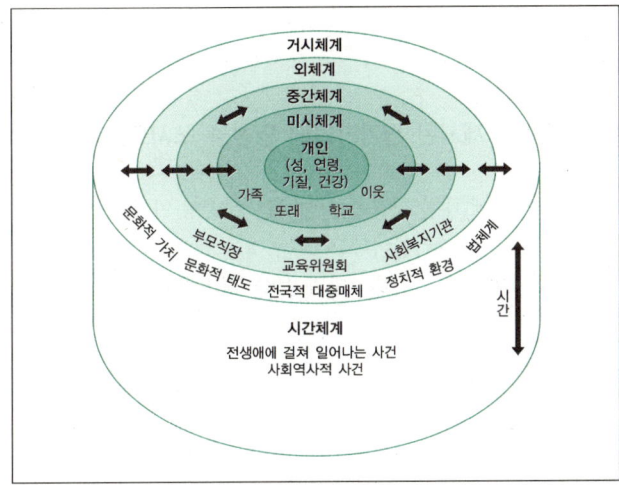

① 기본적 견해 : 개인적 특성뿐 아니라 학생의 행동에 대한 환경과의 상호작용 요소로 인해 정서 및 행동 문제 → 학생을 둘러싼 사회 및 물리적 환경을 고려

② 원인 : Bronfenbrenner의 환경 구조

미시체계	• 아동에게 가장 인접한 환경 • _____
중간체계	미시체계 내 구성물 간의 관계
외체계	• 아동이 직접 참여하지는 않지만, 아동에게 영향을 미치는 사회적 환경 • _____
거시체계	• 아동이 사는 문화적 환경 • 아동의 삶에 직접적으로 개입하지 않으나 아동 발달에 지속적·강력한 영향 • 하위체계에서도 일관적으로 나타남
시간체계	문화와 사건에 미치는 시간적 영향

③ 진단 : _____(ecological assessment)
→ 대상 학생과 의미 있는 상호작용이 이루어지는 생태체계에 대한 정보를 수집 및 평가

④ 중재 : 가족 관련 중재, 학교 중심 중재

형성평가

11 인지주의적 모델의 관점과 생태학적 모델의 관점에서 정서·행동장애가 발생하는 이유를 각각 서술하시오.

12 다음에 제시된 평가방법의 명칭을 쓰시오.

> 특정 상황에 대한 반응을 알아보는 개방형 인지기법으로, 자신의 마음속에 일어나고 있는 것을 모두 말하도록 하여 개인의 생각·기대·신념 등을 평가한다.

13 다음에 제시된 인지전략의 개념을 서술하시오.

> ㉠ 시연
> ㉡ 정교화
> ㉢ 조직화

14 초인지 전략의 구성요소 중 '자기조정'의 정의를 서술하고, 그에 포함된 3가지 활동을 쓰시오.

15 ① 제시된 지도방법의 목적을 쓰고, ② 밑줄 친 ㉠~㉡ 단계에서 교사의 활동을 순서대로 쓰고, ③ 밑줄 친 ㉢~㉤ 단계에서 학생의 활동을 순서대로 쓰시오. 또한, ④ 해당 지도방법의 장점을 3가지 쓰시오.

> 1단계 : ㉠ 인지적 모델링
> 2단계 : ㉡ 외현적 지도
> 3단계 : ㉢ 외현적 자기교수
> 4단계 : ㉣ 외현적 자기교수 용암
> 5단계 : ㉤ 내재적 자기교수

16 밑줄 친 자기 진술문의 예를 1가지씩 쓰시오.

> • 문제의 정의 : 문제가 무엇이지?
> • 주의집중과 행동의 지시 : 내 계획이 무엇이지?
>   ㉠ 자기강화
>   ㉡ 자기평가

17 D'Zurilla & Goldfried의 문제해결 6단계를 쓰고, 간략히 설명하시오.

18 합리적 정서행동치료(REBT)의 정의를 서술하시오.

19 Weiner의 귀인이론에 근거하여 ① 능력과 ② 노력에 대한 원인의 소재, 안정성, 통제 가능성 차원을 순서대로 쓰시오.

20 인지주의적 모델에서 해당하는 전략의 ① 명칭을 쓰고, ② 빈칸의 예시를 쓰시오.

멈추기	상황을 있는 그대로 바라보고 감정과 욕구를 진정시키기
생각하기	
행동하기	감정과 욕구를 조절하여 적절하게 표현(행동)하기

21 Bronfenbrenner의 환경 구조(생태학적 체계) 5가지를 쓰고, 각각의 예를 1가지씩 쓰시오.

22 브론펜브레너의 생태학적 모델에 근거하여 건우의 환경 ㉠~㉤을 각각 분석하시오.

> 28개월 된 건우는 건강문제로 인하여 가정에서 보내는 시간보다 병원에 입원해 있는 시간이 훨씬 더 많으며, 병원에서 ㉠ 장애인 등에 대한 특수교육법에 의거하여 순회교육을 받고 있다. ㉡ 순회교사는 동물에 관심을 보이는 건우를 데리고 ㉢ 동물원으로 일일 현장체험학습을 가는 것에 대하여 어머니와 상의하였다. ㉣ 순회교사와 어머니는 자주 소통하고, 부모가 건우의 교육에 대해 높은 관심을 갖고 있으며, 장기입원으로 인한 여러 가지 어려움을 해결하기 위하여 ㉤ 종교단체의 도움을 받고 있다는 사실도 알게 되었다.

23 반두라의 관찰학습 하위과정(단계)의 명칭과 내용을 순서대로 서술하시오.

24 대리강화와 대리처벌의 개념을 서술하시오.

25 스키너의 조작적 조건화와 비교했을 때, 반두라의 이론에서 학습이 일어났음에도 불구하고 겉으로 행동이 나타나지 않을 수 있는 이유를 '인지적' 관점에서 설명하시오.

학습목표 DSM-5-TR에 근거한 불안장애 유형들의 진단기준을 설명하고, 불안장애 중재방안에 대해 설명할 수 있다.

01 불안장애의 유형

- 분리불안장애
- 범불안장애(일반화된 불안장애)
- 공황발작과 공황장애
- 특정 공포증
- 사회적 불안장애(사회공포증)
- 광장공포증
- 선택적 함묵증

유형	진단기준
분	주요 애착대상으로부터의 분리에 대한 불안
범	초점 없는 과도한 불안
공	• 발작 : 갑작스럽게 시작되는 극단적 불안 • 장애 : 예기치 못한 공황발작 재발 두려움
특	특정 상황, 사물에 대한 두려움, 공포
사	사회적 상황에서의 두려움, 공포
광	도움받기 어렵거나 그 상황에서 벗어나기 어려울 것이라는 두려움, 공포
선	말을 할 수 있음에도 불구하고 특정 상황에서 말하지 않음

02 불안장애의 중재

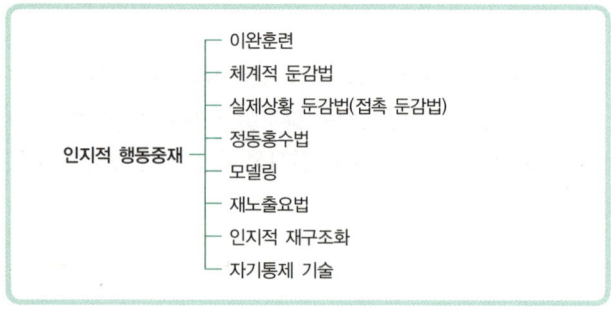

인지적 행동중재
- 이완훈련
- 체계적 둔감법
- 실제상황 둔감법(접촉 둔감법)
- 정동홍수법
- 모델링
- 재노출요법
- 인지적 재구조화
- 자기통제 기술

① _____ : 깊고 느린 호흡기법, 근육이완, 심상을 통해 긴장 수준을 낮추는 것

② **체계적 둔감법** : 불안을 야기하는 자극이나 상황을 최소부터 최대까지 _____으로 배열해 놓고, 이완된 상태로 그 위계에 따라 자극이나 상황을 _____하면서 점차 두려움을 중화시켜 나가는 전략
→ _____

③ **실제상황 둔감법** : 실제 공포를 야기하는 자극에 점진적으로 노출시켜 이완하는 것을 학습하게 함으로써 공포 반응을 감소시키는 전략
→ 불안상황에서 더 _____ 가능성이 높음

④ _____ : 불안을 일으키는 정도가 가장 심한 자극에 아동을 오랫동안 노출시키는 절차

⑤ _____ : 다른 사람이 공포자극에 접근하거나 공포활동에 참여하는 것을 관찰한 후 유사한 행동을 더욱 쉽게 수행할 수 있게 되는 것

⑥ _____ : 중재자와 함께 안전하고 지원적인 환경에서 아동에게 정신적인 충격을 일으킨 사건을 재검토하고 재생하는 것

⑦ _____ : 불안 또는 공포가 비현실적이고 비합리적인 인지적 왜곡에 근거한 것이므로, 현실적이고 합리적인 사고를 할 수 있도록 도움
예 _____

⑧ _____ : 불안이나 두려움을 가진 아동으로 하여금 자기점검법, 자기강화법, 자기교수법 등을 적용해 두려움을 감소시키는 것

형성평가

정답 및 해설은 동영상강의(유료)로 제공 ●

01 다음에서 설명하는 장애의 명칭을 DSM-5-TR 진단 기준에 근거하여 쓰시오.

> (ㄱ) 최소 6개월 이상 특정 사물이나 상황에 초점이 맞추어지지 않은 불안으로서, 통제할 수 없는 만성적 과도 불안을 보이고 자신의 걱정을 스스로 통제할 수 없다.
> (ㄴ) 최소 6개월 이상 다른 사람 앞에서 발표하는 등 타인으로부터 세심하게 관찰당할 가능성이 있는 사회적 상황에 대해 현저한 두려움이나 불안을 나타낸다.
> (ㄷ) 말을 해야 하는 특정한 사회적 상황에서 말을 할 수 있음에도 불구하고 1개월 이상 지속적으로 말을 하지 않는다.
> (ㄹ) 최소 5개월 이상 특정 사물이나 상황이 존재하거나 예상될 때 상황에 맞지 않을 만큼의 심한 두려움이나 불안을 지속적으로 나타낸다.

03 이완훈련의 개념을 설명하시오.

04 체계적 둔감법의 절차를 3단계로 쓰시오.

02 ㉠, ㉡의 빈칸에 들어갈 용어를 쓰시오.

> • (㉠)(이)란 인지적 변화를 행동 변화로 이끌어 내기 위해 다양한 행동주의 기법을 활용하는 것으로, 행동수정 원리에 인지적 접근을 곁들여 사용하는 중재전략이다. 이는 인지론적 방법과 행동론적 방법의 조화를 통하여 외현적 행동 및 내재적 행동을 수정한다.
> • (㉠)은/는 인지의 변화가 행동의 변화를 가져오고, 변화된 행동이 강화를 받음으로써 인지구조가 바뀌게 된다는 메커니즘을 기본 전제로 하고 있다.
> • (㉡)은/는 자동적 사고를 찾아내는 작업을 통해 왜곡된 인지 양상을 아동이 잘 이해하고 파악하게 하여 인지를 재구성하는 것을 의미한다. 이는 아동에게 자신이 부정적으로 인지한다는 것을 깨닫도록 하여 더 나은 다른 관점을 발전시키고 문제의 경감을 위해 새로운 인지반응과 행동반응을 연습하게 한다.

05 ① 체계적 둔감법과 실제상항 둔감법의 차이점을 쓰고, ② 실제상황 둔감법의 장점을 1가지 쓰시오.

외상 및 스트레스, 강박 – 충동, 우울, 양극성 및 관련 장애

학습목표 DSM-5-TR에 근거한 외상후 스트레스 장애, 강박–충동장애, 우울장애, 양극성장애 및 관련 장애의 진단기준을 설명할 수 있다.

01 외상 및 스트레스 관련 장애

- 외상후 스트레스 장애(PTSD)
- 반응성 애착장애
- 탈억제 사회관여 장애

1. 외상후 스트레스 장애(PTSD)

① 한 가지 이상의 죽음, 심각한 상해 또는 성폭행에 실제 노출되었거나 위협을 경험

② 외상성 사건이 발생한 이후 외상성 사건과 관련한 재경험 예 회상, 꿈 등

③ 외상성 사건과 관련된 자극을 지속적으로 회피

④ 외상성 사건이 발생한 후, 사건과 관련된 인지와 기분이 부정적으로 변화하거나 악화됨

⑤ 외상성 사건의 발생 후 사건과 관련된 각성 반응이 현저하게 변화함
 예 지나친 경계, 과장된 놀람, 수면장애, 언어적 또는 신체적 공격성 등

⑥ _____ 이상

02 강박–충동 및 관련 장애

- 강박–충동장애
- 신체추형장애

1. 강박–충동장애

① 강박 또는 충동 또는 둘다 보임
 ㉠ 강박사고(강박) : 비합리적 생각을 반복
 ㉡ 강박행동(충동) : 특정 의식이나 행동을 반복

② 시간 소모적이라는 것을 알고 있음(단, 아동·청소년은 모를 수 있음)

③ 하루 1시간 이상

03 우울장애

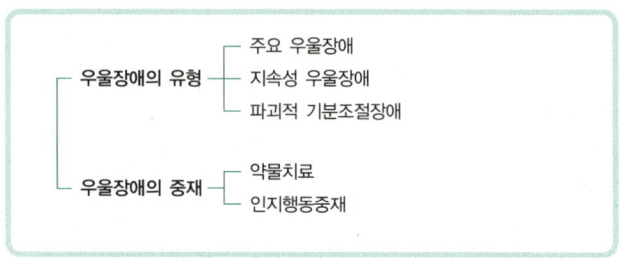

- 우울장애의 유형
  - 주요 우울장애
  - 지속성 우울장애
  - 파괴적 기분조절장애
- 우울장애의 중재
  - 약물치료
  - 인지행동중재

1. 주요 우울장애

다음 증상 가운데 다섯 가지 이상의 증상이 연속적으로 _____ 동안 지속되며, 적어도 하나는 우울한 기분이거나, 흥미나 즐거움의 상실이어야 함

① 하루의 대부분, 그리고 거의 매일 지속되는 우울한 기분
 🍃 주의 : 소아와 청소년의 경우는 초조하거나 과민한 기분으로 나타나기도 함

② 모든 또는 거의 모든 일상 활동에 대한 흥미나 즐거움이 하루의 대부분 또는 거의 매일같이 뚜렷하게 저하

③ 체중 조절을 하고 있지 않은 상태에서 의미 있는 체중 감소나 체중 증가, 거의 매일 나타나는 식욕 감소나 증가가 있을 때
 🍃 주의 : 소아의 경우 체중 증가가 기대치에 미달하는 경우 주의할 것

④ 거의 매일 나타나는 불면이나 과다 수면

⑤ 거의 매일 나타나는 정신 운동성 초조나 지체

⑥ 거의 매일 피로나 활력 상실

⑦ 거의 매일 무가치감 또는 과도하거나 부적절한 죄책감

⑧ 거의 매일 나타나는 사고력이나 집중력의 감소, 또는 우유부단함

⑨ 반복되는 죽음에 대한 생각

2. 지속성 우울장애

우울할 때 다음 여섯 가지 중 두 가지 이상의 증상이 최소 2년 동안(아동·청소년의 경우 최소 _____) 나타남

① 식욕 저하 또는 과식

② 불면증 또는 수면 과다

③ 활기 저하와 피곤

④ 낮은 자존감

⑤ 집중력과 의사결정능력 저하

⑥ 절망감

🖋 주요 우울장애는 지속성 우울장애보다 선행할 수 있고, 주요 우울 증상은 지속성 우울장애 증상 중에 나타날 수 있음

🖋 2년 이상 주요 우울장애 진단기준을 충족시킬 경우 주요 우울장애 뿐 아니라 지속성 우울장애 진단도 추가해야 함

3. 파괴적 기분조절장애

파괴적 기분조절장애라는 진단 분류가 추가됨으로써 청소년기 이전의 아동들을 과다하게 양극성장애로 진단하는 것을 예방할 수 있게 됨

① 상황이나 화낼 이유에 대해 심한 울화 폭발을 부적절한 강도 또는 기간 동안 언어적 또는 행동적으로 반복해서 나타냄

② 일주일 평균 세 번 이상 울화폭발이 나타남

③ _____ 이상 지속됨(증상 없이 3개월 이상 지속된 기간 ✕)

④ 10세 이전에 시작(6세 이전, 18세 이후에 첫 진단 ✕)

04 양극성 및 관련 장애

1. 제1형 양극성장애

_____ + 주요 우울장애(1주일)

① 팽창된 자존감 또는 과장된 자신감

② 수면 욕구 감소(단 3시간의 수면으로도 충분하다고 느낌)

③ 평소보다 말이 많아지거나 계속 말을 함

④ 사고의 비약 또는 사고가 연달아 일어나는 주관적인 경험

⑤ 보고되거나 관찰된 주의산만
> 예 중요하지 않거나 관계없는 외적 자극에 너무 쉽게 주의를 기울임

⑥ 목표 지향적 활동의 증가(직장이나 학교에서의 사회적 활동 또는 성적 활동) 또는 정신운동성 초조
> 예 목적 없는 활동

⑦ 고통스러운 결과를 초래할 가능성이 높은 활동에 지나치게 몰두
> 예 흥청망청 물건 사기, 무분별한 성행위, 또는 어리석은 사업 투자

2. 제2형 양극성장애

_____ + 주요 우울장애(4일 연속)

① 고조된 자존감과 과장

② 수면 욕구 감소(단 3시간의 수면으로도 충분하다고 느낌)

③ 평소보다 말이 많아지거나 계속 말을 해야 할 것 같은 압박감

④ 사고의 비약 또는 사고가 연달아 일어나는 주관적 경험

⑤ 보고되거나 관찰된 주의산만
> 예 중요하지 않거나 관계없는 외적 자극에 너무 쉽게 주의를 기울임

⑥ 목표 지향적 활동의 증가(직장이나 학교에서의 사회적 활동 또는 성적 활동) 또는 정신운동성 초조
> 예 목적 없는 활동

⑦ 고통스러운 결과를 초래할 가능성이 높은 활동에 지나치게 몰두
> 예 흥청망청 물건 사기, 무분별한 성행위, 또는 어리석은 사업 투자

형성평가

01 다음 빈칸에 해당하는 외상후 스트레스 장애 DSM-5-TR 진단기준을 쓰시오.

(ㄱ) (　　　　　　ㄱ　　　　　　)
(ㄴ) 외상성 사건을 지속적으로 재경험한다.
(ㄷ) 외상성 사건의 발생 후 그와 관련된 자극을 지속적으로 회피한다.
(ㄹ) 외상성 사건이 발생한 후, 사건과 관련된 인지와 기분이 부정적으로 변화하기 시작하거나 악화된다.
(ㅁ) 외상성 사건의 발생 후 사건과 관련된 각성 반응이 현저하게 변화한다.
(ㅂ) 증상들은 최소한 (　　ⓛ　　) 이상 지속되어야 한다.

02 다음 (ㄱ)과 (ㄴ)에서 설명하는 장애의 명칭을 DSM-5-TR 진단기준에 근거하여 순서대로 쓰시오.

(ㄱ) 비합리적인 생각을 반복하거나 특정 의식 또는 행동을 반복한다. 이러한 소모적이고 심각한 사고 또는 행동이 과도하거나 불합리하다는 것을 스스로 인식한다. 흔히 오염에 관한 생각, 반복적 의심 등과 더불어 반복적인 손 씻기, 정돈하기 등의 행동을 한다.
(ㄴ) 다음과 같은 증상이 연속 2주 지속되었다.
 • 하루의 대부분, 그리고 거의 매일 지속되는 우울한 기분을 드러낸다.
 • 거의 매일 잠을 이루지 못한다.
 • 거의 매일 과도하게 부적절한 죄책감을 느낀다.
 • 거의 매일 무관심하게 시간을 보낸다.
 • 거의 매일 슬프거나 공허하다고 느낀다.

03 파괴적 기분조절장애가 DSM-5에 새롭게 추가됨으로써 갖는 장점을 1가지 쓰시오.

04 파괴적 기분조절장애의 DSM-5-TR 진단기준에 대한 설명이다. 빈칸에 들어갈 내용을 쓰시오.

(ㄱ) 상황이나 화낼 이유에 대해 심한 울화 폭발을 부적절한 강도 또는 기간 동안 언어적으로 그리고/또는 행동적으로 반복해서 나타남
(ㄴ) 울화 폭발이 발달수준에 맞지 않음
(ㄷ) 울화 폭발을 일주일 평균 (　ⓖ　) 이상 나타남
(ㄹ) 울화 폭발이 나타나지 않은 기간의 기분도 거의 매일, 하루 종일 지속적으로 짜증을 내거나 화가 나 있으며, 그러한 기분이 부모·교사·또래에 의해 관찰됨
(ㅁ) 이러한 증상이 12개월 이상 지속되고, 증상은 (　ⓛ　) 이전에 나타남

05 우울장애 중재를 위한 인지행동중재 전략을 2가지 이상 쓰고, 간략히 서술하시오.

Chapter 09 파괴, 충동조절 및 품행장애

학습목표 DSM-5-TR에 근거한 파괴, 충동조절 및 품행장애 유형의 진단기준을 설명하고, 중재방법 중 자기관리 훈련에 대해 설명할 수 있다.

01 파괴, 충동조절 및 품행장애

┌ 품행장애
└ 적대적 반항장애

1. 품행장애 진단기준

① _____

② _____

③ _____

④ _____

➡ _____를 기준으로 아동기 발병형과 청소년기 발병형으로 구분함

➡ 3↑/15, _____ 이상(적어도 한 항목을 6개월 이상)

2. 적대적 반항장애

품행장애의 발달적 전조, 경도의 품행장애, 품행장애 아형

① _____

② _____

③ _____

➡ 4↑/8, _____ 이상(형제가 아닌 다른 사람 1인 이상과의 상호작용 시)

3. 품행장애 vs 적대적 반항장애

① _____

② _____

02 품행장애의 원인

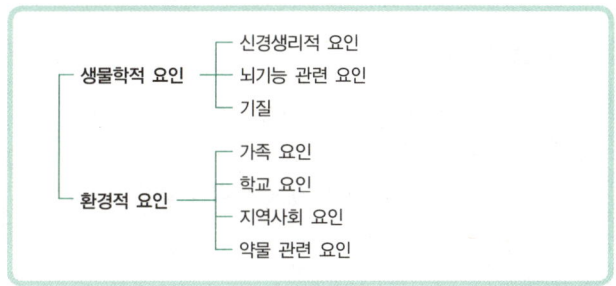

03 품행장애의 중재

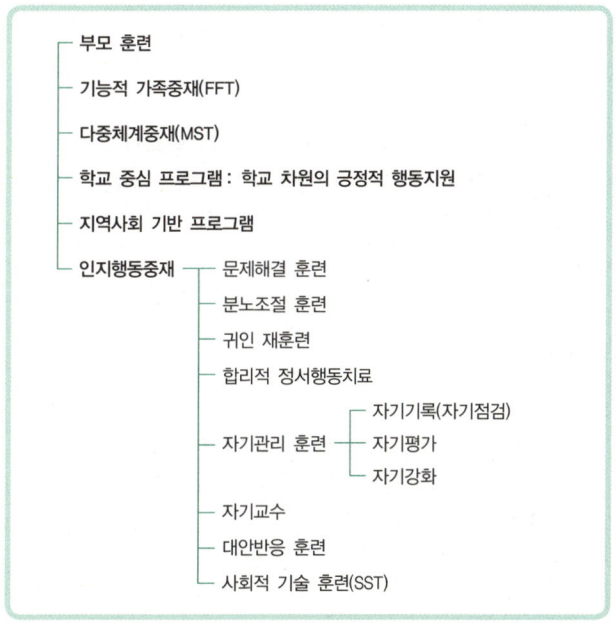

1. 자기관리 훈련(self-management training)

① 자신의 행동을 더 바람직하게 변화시키기 위한 의도를 가지고 스스로 행동의 원리를 적용하는 것

② 개인이 목표성취를 향해 자신의 활동을 효과적으로 통제하는 기법이나 전략

③ 자기관리 훈련의 장점

   ㉠ 학생이 주도적으로 접근해 외부 통제자가 놓칠 수 있는 행동에 대해서도 스스로 통제할 수 있게 해줌

   ㉡ 외부 통제자의 지속적인 관리 감독 없이도 보다 적절하게 행동하는 것을 학습할 수 있게 해줌

   ㉢ 행동의 일반화 및 유지를 촉진함

(1) 자기점검(자기기록)

정의	자기 행동의 양이나 질을 관찰하고 측정해 스스로 기록하도록 하는 방법
장점	• 학생과 교사에게 행동에 대한 확실하고 구체적인 피드백 제공 • 반동효과(reactive effect) : 자기기록은 그 자체가 스스로 자기 행동을 감독하게 하여 자기가 주는 보상이나 벌로서 작용하는 동시에, 환경 단서로 작용해 자기 행동의 잠정적 결과를 인식하게 하는 것을 더욱 증가시켜 행동을 변화시킬 수 있음 → 자기기록의 결과를 그래프로 그리는 것은 행동의 변화를 한눈에 볼 수 있게 해주어 더 큰 반동효과를 가져옴
고려 사항	학생에게 자기점검을 가르치기 위해서 교사는 학생이 측정할 특정 행동을 확실히 구분할 수 있도록 행동에 대한 정확한 조작적 정의를 알려 주어야 하고, 행동의 발생과 비발생을 기록하는 방법도 가르쳐 주어야 함
예시	• 순간 관찰기록 방법 • 빈도 관찰기록 방법
교수 절차	① 표적행동 선정하기 ② 자기점검 교수에 대한 합리적 근거 제공하기 ③ 표적행동에 대한 조작적 정의 내리기 ④ 표적목표 설정하기 ⑤ 자기점검 체계를 개발하고 가르치기 ⑥ 표적행동을 점검하고 학생의 진전을 평가하기 ⑦ 학생을 강화하기 ⑧ 자기점검 체계를 용암시키기

(2) 자기평가

정의	자기 행동을 정해진 기준을 근거로 스스로 평가하는 방법
특징	• 학생에게 자기 행동을 평가하도록 할 때는 어떤 종류의 준거를 사용해야 하는지 알려주어야 함 - _____ - _____ - _____ • 자신의 적절한 행동과 부적절한 행동을 변별할 수 있는 능력이 요구됨 • 자기기록 기술이 요구됨
예시	• 자기기록을 포함한 자기평가 양식 • 그림으로 제시한 자기평가 척도
교수 절차	① 학생이 자기점검을 할 수 있게 하기 ② 표적행동 선정하기 ③ 자기평가 교수에 대한 합리적 근거 제공하기 ④ 표적목표 설정하기 ⑤ 자기평가 체계를 개발하고 가르치기 ⑥ 표적행동을 점검하고 학생의 진전을 평가하기 ⑦ 학생을 강화하기 ⑧ 자기평가 체계를 용암시키기

(3) 자기강화

정의	학생이 정해진 목표를 달성하거나 자기가 정한 목표를 이루었을 때 스스로 선택한 강화제를 자기에게 제공하는 것
고려 사항	• 학생이 자신의 행동을 점검하고 평가할 수 있어야 함 • 교사와 학생은 강화물이 외적인 것인지 또는 내적인 것인지를 결정해야 함 • 교사와 학생은 학생이 자기강화를 실시하기 전에 준거 수준을 설정해야 함
특징	• 자기강화를 적용할 때는 학생이 강화제와 강화제 값, 목표하는 행동을 선택하도록 함 • 다만, 기준을 지나치게 낮게 설정하지 않도록 좀 더 엄격한 기준을 선정하는 방법을 가르쳐야 함
교수 절차	① 학생이 자기점검과 자기평가를 할 수 있게 하기 ② 표적행동 선정하기 ③ 강화물 선정하기 ④ 수반성 결정하기 ⑤ 자기강화 체계를 개발하고 가르치기 ⑥ 표적행동을 점검하고 학생의 진전을 평가하기 ⑦ 자기강화 체계를 용암시키기

형성평가

정답 및 해설은 동영상강의(유료)로 제공 ●

01 품행장애와 적대적 반항장애를 구분하는 기준을 2가지 쓰시오.

02 적대적 반항장애의 DSM-5-TR 진단기준을 쓰시오.

03 품행장애의 DSM-5-TR 진단기준을 쓰시오.

04 자기관리 훈련의 장점을 쓰시오.

05 자기점검의 장점을 2가지 쓰시오.

06 자기점검을 시작하기 전에 고려해야 할 사항을 3가지 쓰시오.

07 자기평가의 비교 준거를 3가지 쓰시오. (단, 각기 다른 주체를 제시할 것)

08 자기평가를 수행하기 위해 학생이 갖추어야 할 기술 2가지를 쓰시오.

09 자기강화의 일반적 절차이다. 빈칸에 들어갈 내용을 쓰고, 교수 시 유의점을 1가지 쓰시오.

① 학생이 (㉠)와/과 (㉡)을/를 할 수 있게 하기
② 표적행동 선정하기
③ 강화물 선정하기
④ 수반성 결정하기
⑤ 자기강화 체계를 개발하고 가르치기
⑥ 표적행동을 점검하고 학생의 진전을 평가하기
⑦ (㉢) : 자기강화 체계를 점차 줄여나가기

Chapter 10 주의력결핍 과잉행동장애(ADHD)

학습목표 DSM-5-TR에 근거한 주의력결핍 과잉행동장애의 진단기준, 원인, 중재방법을 설명할 수 있다.

01 ADHD의 정의와 특성

```
┌ 주의력결핍 과잉행동장애
│          ┌ 핵심 특성
└ 행동 특성 ┤
           └ 이차적 특성
```

1. ADHD 진단기준

① DSM-Ⅳ-TR → DSM-5 진단기준 변화

  ㉠ '7세 이전'에서 '_____'으로 변경

  ㉡ 청소년과 17세 이상 성인은 진단기준 _____ 충족

  ㉢ 현재의 심각도 명시

  ㉣ 주의점을 추가해 감별 진단의 명료성 증진

② ADHD 진단기준

  ㉠ 부주의 (6↑/9, 6개월 이상)

  - _____
  - _____
  - _____
  - _____
  - _____
  - _____

  ㉡ 과잉행동-충동성 (6↑/9, 6개월 이상)

  - _____
  - _____
  - _____
  - _____
  - _____
  - _____

  ㉢ 하위 유형 : 부주의 우세형, 과잉행동-충동성 우세형, 복합형

  ㉣ 12세 이전, 2가지 이상 장면

2. ADHD 행동 특성

① 핵심 특성 : _____

② 이차적 특성 : 운동기술, 지능과 학업성취, 실행기능, 적응기능, 사회적 행동과 사회적 관계

02 ADHD의 원인

```
┌ 각성 수준
├ 보상에 대한 민감성
├ 지연에 대한 혐오
├ 억제기능과 실행기능(Barkley의 다면모형)
└ 이중경로 모형
```

1. Barkley의 다면모형

① 과잉행동-충동성 ADHD의 원인 : ADHD 학생은 실행기능의 한 요소인 반응억제능력(억제력)이 결여

  * 실행기능이란? _____

② 다면모형

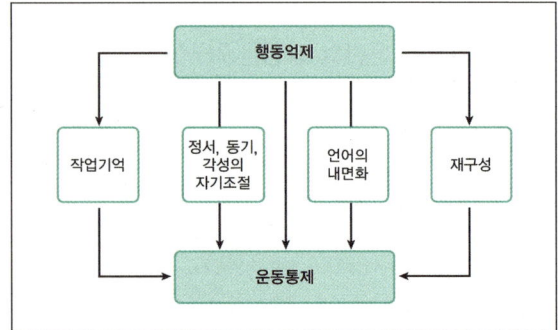

  ㉠ 비언어적 작업기억 : 정보를 마음속에 온라인 상태로 유지시켜 주는 기억체계의 일부로서, 뒤에 올 반응을 통제하는 데 사용될 수 있음. 여기에는 감각-운동반응 표상과 과거 감각경험의 이미지를 마음속에 불러 일으키는 능력이 포함됨

ⓛ 정서 · 동기 · 각성에 대한 자기조절: 정서와 동기를 조절할 수 있게 해주는 처리 과정들을 포함함. 예를 들어, 동기와 각성을 변화시키는 분노를 지연시키거나 가라앉게 하는 것

ⓒ 언어의 내재화: 언어적 작업기억으로, 행동지침으로 내재화된 규칙과 지시를 마음속으로 생각할 수 있게 해줌

ⓔ 재구성: 언어적 · 비언어적 정보를 분석 · 통합하고, 해체 · 재조합하는 것. 재구성은 새롭고 창조적인 행동을 할 수 있게 해줌

03 ADHD의 중재

┌ 약물치료
├ 행동치료
└ 학교에서의 행동관리

🔎 ADHD 중재전략

주의집중 문제해결 세부전략	주의산만과 무관심의 특성을 보임 → 약속된 신호, 즉각적 강화, 눈 마주침이 가능한 좌석배치, 단순명료한 지시, 속도감 있는 수업진행, 신체적 근접성, 지속적 점검, 다양한 수업진행, 교재 단순화 등
조직력 문제해결 세부전략	일의 우선순위를 결정하지 못하고, 세부적 계획 수립에 어려움을 보임 → 수업시간 활동계획표 작성, 과제 난이도 조절, 지시수용 정도를 확인하고, 분명하고 정확한 지시 전달 등
반응정확도 향상 세부전략	얕은 인지처리에 의한 즉각적인 처리 등 충동성과 주의집중 부족의 문제가 나타남 → 정확도 점검과정 평가, 교재 난이도 고려, 시험보기 연습, 생각한 후 말하기, 반응대가, 교정연습 등
과잉행동 중재	→ 활동시간을 짧게 나누어 제공하며 움직일 시간을 제공하기, 방해하지 않는 범위 내에서 과잉행동 욕구를 처리할 수 있는 활동 제공하기 등

틱장애

DSM-5-TR에 근거한 틱장애의 진단기준을 설명할 수 있다.

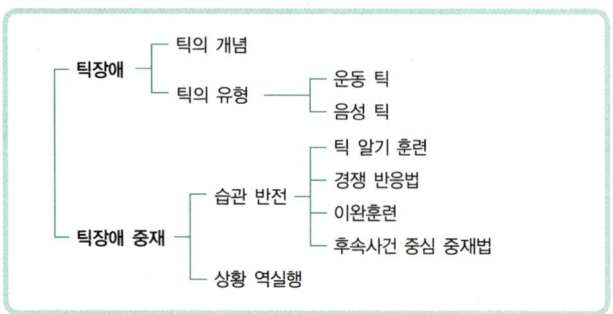

1. 틱장애 유형

① **틱**: 특정한 이유 없이 의도하지 않고 얼굴, 목, 어깨, 몸통 등의 신체 일부분을 아주 빠르게 반복적으로 움직이거나 이상한 소리를 내는 것

② **틱의 유형**

운동 틱	• 단순 운동 틱: 눈 깜빡거림, 찌푸리는 얼굴, 어깨 으쓱거림 등 • 복합 운동 틱: 갑자기 뛰어 오는 행동, 다른 사람을 만지는 행동 등
음성 틱	• 단순 음성 틱: 코 골기, 컹컹대기, 헛기침 등 • 복합 음성 틱: 애매한 단어 소리치기, 반향어, 자기 말의 마지막 구 반복하기(palilalia)

③ **DSM-5 틱장애 진단기준**

	기간	운동 틱 / 음성 틱
일과성		
만성		
뚜렛		

2. 틱장애 중재

① _____ : 틱과 반대의 같은 크기의 근육 긴장을 가지는 방법

> **예** 눈 깜빡거림에서는 눈 크게 뜨기

② _____ : 상황에 의거한 경쟁 반응법으로, 틱이 발생할 때 의도적으로 틱을 스스로 하게 하고, 또한 틱이 일어나지 않게끔 노력하도록 지도하는 방법

✎ 형성평가

정답 및 해설은 동영상강의(유료)로 제공 ●

01 ADHD의 진단기준이 DSM-5로 변화되면서 달라진 4가지 내용을 서술하시오.

02 ADHD의 진단기준에서 부주의, 과잉행동-충동성 행동의 예를 각각 4가지씩 쓰시오.

03 Barkley의 다면모형에서 제시하는 4가지 실행기능 요소를 쓰시오.

04 과잉행동을 중재하기 위한 학급 내 전략을 1가지 쓰시오.

05 틱장애 유형에 따른 특징을 쓰시오.

	기간	운동 틱 / 음성 틱
일과성		
만성		
뚜렛		

06 경쟁반응법과 상황역실행 중재를 비교하여 서술하시오.

김은진
스페듀
합격노트
Vol. 1

Special Education

03

자폐범주성장애

자폐범주성장애의 이해

학습목표 다중지능 관점의 개념을 알고, 자폐범주성장애의 특수교육법 및 DSM-5-TR 정의를 설명할 수 있다.

01 세 가지 관점

┌ 의학적 관점
├ 장애학적 관점
└ 다중지능의 관점

① **의학적 관점**: 자폐성장애 아동의 행동 특성은 또래들과의 행동 비교를 통해 이루어진 상대적 평가임
② **장애학적 관점**: 개인이 가진 특성이 사회적·문화적·정치적 상황에서 어떻게 불리하게 작용하는지를 중심으로 장애를 바라보는 관점
   → 자폐성장애 아동의 행동 특성은 단일화된 사회적 기준이나 사회적 인식 부족으로 인해 이해받지 못하기 때문임
③ **다중지능 관점**: 개인에 따라 특정 지능 우세를 보이므로 자폐성장애 아동의 _____을 발견해 활용
   → 8가지 지능의 유형: _____
   _____

02 자폐범주성장애의 정의

┌ 「장애인 등에 대한 특수교육법」의 정의
└ 정신장애의 진단 및 통계편람(DSM-5-TR)의 진단준거

1. 특수교육법 정의

> 사회적 상호작용과 의사소통에 결함이 있고, 제한적이고 반복적인 관심과 활동을 보여 교육적 성취 및 일상생활 적응에 도움이 필요한 사람
>
> ✎ **선별 및 진단평가 영역**: _____
> _____

2. DSM-5-TR 진단기준

① 사회적 의사소통과 사회적 상호작용에서의 결함(3가지 모두)
→ _____

진단기준	예시
사회적·정서적 **상호성**에서의 어려움	비정상적인 사회적 접근과 정상적인 주고받기 대화의 실패, 흥미·감정이나 정서 공유의 감소, 사회적 상호작용을 시작하거나 반응하는 것의 실패
사회적 상호작용을 위해 사용되는 **비언어적 의사소통** 행동에서의 어려움	구어와 비구어적 의사소통의 서툰 통합, 비정상적인 눈맞춤과 몸짓 언어, 몸짓의 이해와 사용의 결함, 얼굴표정과 비언어적 의사소통의 전반적 결핍
사회적 **관계**의 형성과 유지, 이해의 어려움	다양한 사회적 맥락에 적합한 행동 적응상의 어려움, 상상놀이를 공유하거나 친구 사귀기의 어려움, 또래에 대한 관심 결여

② 제한적이고 반복적인 행동, 관심, 활동 패턴(적어도 2가지 이상)

진단기준	예시
상동적이거나 반복적인 동작성 움직임, 물건 사용, 또는 말	단순한 운동 상동증, 장난감 줄 세우기, 물체 튕기기, 반향어, 특이한 문구 사용
동일성 고집, 일상활동에 대한 완고한 집착, 의식화된 언어적 혹은 비언어적 행동 패턴	작은 변화에 대한 극심한 고통, 활동 간 전환의 어려움, 완고한 사고방식, 의례적인 인사, 매일 같은 길로만 다니거나 같은 음식 먹기
강도와 초점이 비정상적인, 매우 제한적이고 고착된 관심	특이한 물체에 대한 강한 애착 또는 집착, 과도하게 국한되거나 고집스러운 흥미

감각적 입력에 대한 과대반응 혹은 과소반응, 환경의 감각적 측면에 대한 이례적인 관심	통증이나 온도에 대한 명백한 무관심, 특정 소리나 감촉에 대한 부정적 반응, 과하게 사물의 냄새를 맡거나 만지기, 빛이나 움직임에 대한 시각적 매료

③ 증상들은 _____에 나타남

④ 이러한 증상은 사회적·직업적 또는 다른 중요한 현재의 기능 영역에서 임상적으로 뚜렷한 손상을 초래함

⑤ 이러한 장애는 지적장애 또는 전반적 발달지체에 의해 더 잘 설명되지 않음

→ 지적장애와 자폐범주성장애는 자주 동반됨. 자폐범주성장애와 지적장애를 함께 진단하기 위해서는 _____이 전반적인 발달수준에서 기대되는 바에 미치지 못해야 함

🖊 사회적 의사소통에 뚜렷한 결함이 있으나 자폐범주성장애의 다른 진단항목을 만족하지 않는 경우에는 _____로 평가함

정답 및 해설은 동영상강의(유료)로 제공 ●

01 가드너의 다중지능 관점에서 제시된 지능의 유형을 각각 쓰시오.

> ㉠ 공간 및 시각과 관련된 것에 대한 파악 능력
> ㉡ 주로 사람들과 교류하고 타인의 감정과 행동을 파악하는 능력
> ㉢ 자신의 신체적 기능을 통제하는 능력

02 자폐범주성장애 DSM-5-TR 진단기준에 대한 자료이다. 괄호 안의 빈칸에 들어갈 진단기준 [A]와 [B]를 쓰고, 밑줄 친 ㉠~㉣의 예를 각각 1가지씩 쓰시오.

> (1) (　　　　　[A]　　　　　)
> ① 사회적·정서적 상호성에서의 결함
> ② ㉠ 사회적 상호작용을 위해 사용되는 비언어적 의사소통 행동에서의 결함
> ③ ㉡ 관계의 형성, 유지, 이해에서의 결함
> (2) (　　　　　[B]　　　　　)
> ① 상동적이거나 반복적인 동작성 움직임, 물건 사용 또는 말
> ② 동일성 고집, 일상활동에 대한 완고한 집착, 의식화된 언어적 혹은 비언어적 행동 패턴
> ③ ㉢ 강도와 초점이 비정상적인 매우 제한적이고 고착된 관심
> ④ ㉣ 감각적 입력에 대한 과대반응 혹은 과소반응, 환경의 감각적 측면에 대한 이례적인 관심

03 DSM-5-TR에 근거하여 사회적 의사소통에 뚜렷한 결함이 있으나 자폐범주성장애의 다른 진단항목을 만족하지 않는 경우에는 ＿＿＿＿＿＿＿＿＿＿로 평가해야 한다.

04 지적장애와 자폐범주성장애를 공존장애로 진단하기 위한 DSM-5-TR의 진단기준을 서술하시오.

05 「장애인 등에 대한 특수교육법」에서 제시하고 있는 자폐범주성장애 진단기준을 쓰시오.

자폐범주성장애 아동의 특성(1)

학습목표 자폐범주성장애의 3가지 인지적 특성과 관련된 개념, 결함 특성, 중재를 각각 설명할 수 있다.

01 인지적 특성

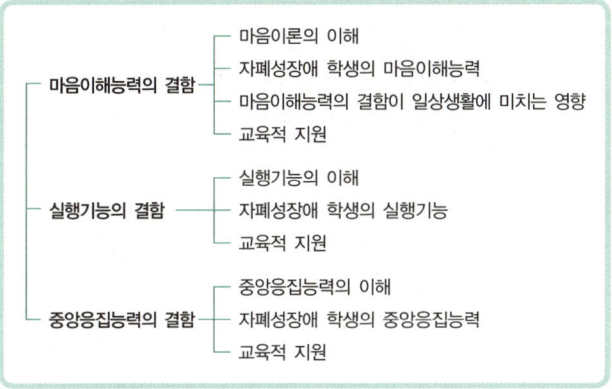

- 마음이해능력의 결함
  - 마음이론의 이해
  - 자폐성장애 학생의 마음이해능력
  - 마음이해능력의 결함이 일상생활에 미치는 영향
  - 교육적 지원
- 실행기능의 결함
  - 실행기능의 이해
  - 자폐성장애 학생의 실행기능
  - 교육적 지원
- 중앙응집능력의 결함
  - 중앙응집능력의 이해
  - 자폐성장애 학생의 중앙응집능력
  - 교육적 지원

1. 마음이해능력의 결함

① 마음이해능력: 다른 사람의 생각과 마음을 이해하는 능력 → 다른 사람이 생각하는 것, 믿고 있는 것, 원하는 것, 의도 등을 인식·이해

② 자폐성장애 학생의 마음이해능력

  ㉠ 다른 사람의 감정, 생각, 믿음, 바람 등을 나타내는 단서를 인식하거나 이해하는 데 어려움

  ㉡ 심리적 상태에 관련한 표현 어휘 ↓

  ㉢ 다른 사람의 정보적 상태에 대한 이해 실패

  → 다른 사람의 ＿＿＿＿＿＿을 이해하거나 다른 사람의 ＿＿＿＿＿＿에 어려움

> **더 알아보기** 마음이해능력의 결함이 일상생활에 미치는 영향
>
> 다른 사람의 얼굴표정에 나타난 사회·정서적 메시지 이해의 어려움, 글자 그대로 해석하기, 다른 사람을 존중하지 않는 듯한 태도, 지나친 솔직함, 다른 사람의 실수·장난과 의도적 행동을 구분하는 데 어려움, 갈등 관리의 어려움, 당황스러운 정서 이해의 어려움, 다른 사람의 정서적 상태 이해의 어려움, 심리적 상태 관련 어휘 사용의 어려움, 다른 사람의 정보적 상태 이해의 어려움, 목소리 톤이나 운율 이해와 사용의 어려움 등

> **더 알아보기** 시각적 조망수용
>
> 다른 사람이 보고 있는 것은 내가 보고 있는 것과 다를 수 있다는 것을 이해하는 데 어려움
>
>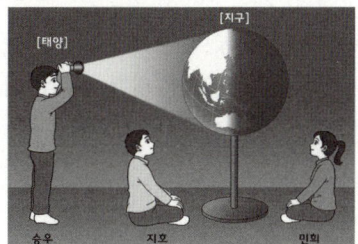
>
> Q. (지호에게) 민희가 바라보는 지구는 낮과 밤 중 어느 쪽일까?
> ➡ 낮
> ➡ 밤

> **더 알아보기** 샐리-앤 검사
>
> 다른 사람이 알고 있는 것은 내가 알고 있는 것과 다를 수 있다는 것을 이해하는 데 어려움
>
> ① 철수는 찬장 X에 초콜릿을 넣어 두고 놀러 나간다.
> ② 철수가 나간 사이에 어머니가 들어와 초콜릿을 찬장 Y로 옮겨 놓고 나간다.
> ③ 철수가 돌아온다.
>
> Q. 돌아온 철수가 어디에서 초콜릿을 찾을까?
> ➡ 찬장 X
> ➡ 찬장 Y

③ 교수방법: 활동 중심 마음이해능력 향상 프로그램,

2. 실행기능의 결함

① 실행기능(executive functions) : 두뇌의 전두엽에 의해 조정되는 인지적 변인

> 예 _____

② 자폐성장애 학생의 실행기능

  ㉠ 반응억제와 충동조절에 어려움

  ㉡ 작업기억 사용에 어려움

  ㉢ 조직화, 계획능력에 어려움

  ㉣ 인지적 융통성의 어려움으로 새로운 전략을 사용하거나 유연하게 생각하는 것에서도 어려움

  ㉤ 추상적 개념과 같은 상위인지능력에서 어려움

③ 교육적 지원

  ㉠ 특정한 실행기능 기술 개발

  ㉡ 구체적이고 체계적인 안내 제공

  ㉢ 구조화 정도가 높은 교육환경 제공

  　* 구조화 : 순서와 과제를 예측할 수 있도록 체계적으로 계획하고 구성하는 전략

구조화 방법	설명 및 예시
사회적 환경의 구조화	교수·학습활동 참여에 동기화되도록 학생의 사회적 환경인 교사와 또래가 반응적 지원 제공 예 교사 대 학생 비율이나 교수 집단의 크기 조절하기, 학교생활을 같이 하는 짝이나 모둠 친구들 구성하기
물리적 환경의 구조화	안전하고 예측 가능한 환경 제공 예 학교 지도 및 학급 지도 제시하기, 내 자리에 이름표 붙이기, 교실공간에 영역 표시하고 이름표 붙이기 등
시간의 구조화	학생들에게 예측 가능성을 증가시켜 학교 환경에 대한 적응을 높일 수 있음 예 주간 시간표나 일일 시간표 및 일일 활동표, 특별한 행사 알리미, 활동에 걸리는 시간을 알려주기 위한 스톱워치 사용하기, '먼저-그리고'를 알려주는 시각적 단서 표시 등

3. 중앙응집능력의 결함

① 중앙응집능력 : 외부 환경에서 입력된 정보들을 의미 있게 연계하고, 총체적인 형태로 처리하는 능력

  ㉠ 정보처리 방식 : _____

  ㉡ 학습자 유형 : _____

> **더 알아보기** **Lewin의 장 이론**
>
> • **장 의존적 학습자** : 제시된 정보를 통합된 전체로 인식하고, 이야기의 흐름과 의미의 요점 파악 능력이 좋음
> • **장 독립적 학습자** : 정보처리에 사회적 맥락이나 주변 요소들을 적극적으로 활용하지 못하고, 보다 분석적이고 세부적인 부분에 초점을 잘 맞춤

② 자폐성장애 학생의 중앙응집능력의 결함

  ㉠ 외부의 여러 복잡한 정보 중에서 필요한 정보를 선택하고 그 정보를 의미 있게 연계하고 사용하는 것과, 복잡한 정보를 처리하는 데 어려움

  ㉡ 학습해야 할 여러 가지 정보와 메시지를 요약하거나 핵심 부분을 선택하고 기억하는 데 어려움. 이야기의 주요 주제를 파악하거나, 전체 흐름을 파악하는 것에 어려움

  ㉢ 여러 정보를 종합적 이해하는 것에 어려움

  ㉣ 특정 부분에 초점을 맞추는 경향(사물의 전체를 보기보다는 부분에 집착하는 경향)

   • _____ : 사물의 모든 특징에 주의를 기울이는 데 어려움을 겪고 한정된 단서에 기반한 부정확한 반응을 보이는 것

   → _____

③ 교육적 지원 : _____의 교육적 지원 제공

형성평가

01 (㉠)은/는 다른 사람의 생각과 마음을 이해하는 능력으로, 특히 자폐성장애 아동은 (㉠) 결함으로 인해 다른 사람이 잘못된 믿음을 가질 수 있다는 사실을 이해하는 능력인 (㉡) 과제에서 실패한다.

02 마음이해능력의 결함을 가진 자폐성장애 학생이 일상생활에서 보일 수 있는 어려움 3가지를 쓰시오.

03 다음은 활동 중심의 마음이해능력 향상 프로그램의 단계이다. 빈칸에 들어갈 단계와 활동의 예를 각각 서술하시오.

(가) 정서이해 향상 프로그램

1단계. 얼굴표정 인식	얼굴표정 이해 향상 활동
2단계. (㉠)	생일 선물을 받고 즐거워하는 그림을 보면서 그림 속 주인공의 감정은 어떤지 알아보기
3단계. 바람에 근거한 감정	(㉡)

(나) 믿음이해 향상 프로그램

1단계. (㉢)	다른 사람이 나와 다른 위치에서 사물을 바라볼 때 다른 것을 볼 수 있다는 것을 이해하도록 하는 활동
2단계. 경험을 통한 인식의 이해	나는 과자 상자에 무엇인가를 넣는 것을 보아서 알지만, 다른 친구는 못 봤으므로 알 수 없다는 것을 이해하는 활동

04 실행기능의 주요 요소를 모두 쓰시오.

05 자폐성장애 학생이 주로 보이는 실행기능 결함 영역과 주의력결핍 과잉행동장애 학생이 주로 보이는 실행기능 결함 영역을 각각 쓰시오.

06 실행기능 향상을 위한 교육적 지원 중 사회적 환경의 구조화, 물리적 환경의 구조화, 시간의 구조화 방법에 대해 각각 서술하시오.

07 자극과다 선택성의 정의를 쓰고, 이를 위한 중재방안을 2가지 제시하시오.

08 중앙응집능력의 정의를 쓰고, 중앙응집능력에 결함을
보이는 자폐성장애 아동의 강점 능력과 약점 능력을 각각
쓰시오.

09 자폐성장애 학생의 중앙응집능력을 설명하는 인지처
리 양식 한 가지를 쓰고, 이에 대해 서술하시오.

지폐범주성장애 아동의 특성(ㄹ)

학습목표 기타 자폐범주성장애 아동의 특성에 대해 설명할 수 있다.

02 사회적 상호작용 특성

① 주위 사람들과 관계를 주고받는 것
  → 타인에게 관심을 갖고 표현하며, 관계를 형성·유지하고, 집단의 일부가 되는 사회적 행위
② 자폐성장애 학생은 사회적 상호작용의 빈도뿐 아니라 질적인 부분에서도 차이를 보임
③ 자폐성장애 학생이 보이는 어려움
  ㉠ _____ : 사회적 자극을 향해 머리를 돌리거나 쳐다보는 행동이 결여됨
  ㉡ _____ : 자신의 행동에 대해 다른 사람이 어떻게 보는지 알지 못함
  ㉢ 공동주의(공동관심) 결여

03 사회적 의사소통 특성

┌ 사회적 의사소통의 질적 손상
└ 자폐성장애 학생이 언어의 화용론적 측면에서 보이는 결함

① 구어발달의 지체에서 완전한 결여까지 다양함
② _____ 사용에 어려움
  예 눈맞춤, 가리키기, 보여주기, 얼굴표정, 몸짓 등
③ 언어를 사회적 목적으로 사용하기보다 _____ 기능으로 사용하는 경향 → '요구하기' 기능 달성
④ 언어의 형태적 측면보다 _____ 측면에 결함
⑤ 화용론의 결함으로 인해 _____를 학습할 기회가 제한적임 예 억양, 강세, 장단, 리듬, 높낮이 등
⑥ 자폐성장애 아동이 보이는 화용론적 결함 특성
  ㉠ _____
  ㉡ _____
  ㉢ _____

04 제한적·반복적·상동적인 행동 특성

┌ 제한적·반복적·상동적인 행동의 이해
│   ┌ 자극에 대한 생물학적 요구
│ 상동행동, 자기자극행동, 의식행동의 기능 ┤ 각성상태의 증가
│   ├ 스트레스 감소
│   └ 환경조절
│   ┌ 대명사 전도
└ 자폐성장애의 언어 특성 ┤ 신조어
                     │   ┌ 반향어의 이해
                     └ 반향어 ┤ 반향어의 기능적 범주

1. 제한적·반복적·상동적인 행동

① 상동행동(stereotypes) : 반복적인 동작이나 몸짓
  예 물건 돌리거나 흔들기, 손 퍼덕이기, 몸 앞뒤로 흔들기 등
② 자기자극행동(self-stimulatory behavior) : 즐거움의 근원이 되는 상동행동
③ 의식행동(ritualistic behavior) : 틀에 박힌 일상활동을 고집하는 행동 예 같은 음식만을 먹으려는 행동
④ 이전에는 제거되어야 할 행동으로 여겨졌으나, 최근에는 중요한 기능을 수행하고 있다고 보는 관점이 우세함
⑤ 상동행동의 기능
  ㉠ _____
  ㉡ _____
  ㉢ _____
  ㉣ _____

2. 반향어

① _____(echolalia) : 상대방이 말한 것을 그대로 반복해 따라 말하는 언어특성 🔔 언어 상동행동

② 반향어를 무조건 없애려고 하기보다, 반향어의 기능을 파악해 기능적인 언어로 활용

③ 유형

    ㉠ _____ : 들은 것을 즉각적으로 반복

    ㉡ _____ : 들은 것을 일정 시간이 지난 후 반복

④ 반향어 발생 이유 : 이해하지 못하거나 분절하지 못할 때

⑤ 교사의 언어 사용 시 유의점

    ㉠ 학생의 _____에 적합한 언어 사용

    ㉡ 학생의 _____을 고려한 언어 사용

    ㉢ 학생의 _____에 적합한 언어 사용

⑥ 반향어의 기능적 범주

구분	즉각 반향어	지연 반향어
상호작용적		
비상호작용적		

    ㉠ _____ : 물건이나 행동들을 요청하는 데 사용되는 말

    ㉡ _____ : 자신의 행동을 조절하는 데 사용되는 말로, 운동기능을 이용한 행동과 동시에 산출됨

05 감각 특성

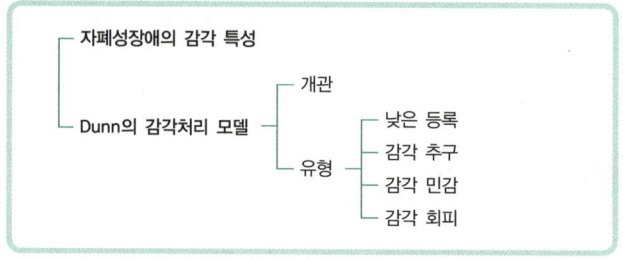

1. 감각체계 특성

① 감각자극에 대한 민감반응, 둔감반응, 자극추구 행동 등으로 나타남 → 시·청·후·미·촉·고·전

② 감각 반응은 개인 간, 개인 내에서 다양하게 나타남

감각체계	과민반응	둔감반응
청각체계	• 갑작스런 소음에 울거나 몸을 웅크림 • 소음으로 인해 수업활동에 집중하지 못함	• 큰 소리를 감지하지 못함 • 다른 사람의 말을 무시하는 것처럼 보임 • 이상한 소음을 즐기고 소음 만드는 것을 좋아함
촉각체계	• 신체 접촉을 싫어함 • 특정 질감의 옷만 입으려 함	• 끊임없이 만지고 접촉함 • 통증, 온도 등에 둔감함

2. Dunn의 감각처리 모델

① _____와 _____에 따라 4가지 유형으로 구분

    ㉠ 신경학적 역치 : _____

       → 역치가 높다는 것은 반응을 일으키기 위해 큰 자극이 필요하다는 의미(둔감)이고, 역치가 낮다는 것은 작은 자극에도 쉽게 반응한다는 의미(민감)

    ㉡ 자기조절 전략 : 자극을 찾는 과정에서 _____(일이 일어난 후에 반응)인지, _____(투입되는 감각자극을 조절하기 위해 자세 및 위치를 수정)인지를 나타내는 개념

② 감각처리 패턴에 따른 학습지원전략의 초점

낮은 등록	낮은 등록 패턴 학생을 위한 학습지원전략의 초점은 감각자극의 강도를 높여 제공하는 것
감각 추구	감각 추구 패턴 학생을 위한 학습지원전략의 초점은 활동 내에서 감각 추구를 할 수 있는 많은 기회를 포함시켜 제공하는 것
감각 민감	감각 민감 패턴의 학생을 위한 학습지원전략의 초점은 보다 구조화된 자극을 제공하는 것
감각 회피	감각 회피 패턴의 학생을 위한 학습지원전략의 초점은 자극을 최소화해 제공하는 것

형성평가

10 자폐성장애 아동은 언어의 형태적 측면보다 (㉠) 측면에 결함을 보인다. 또한 말의 강세, 높낮이, 리듬, 억양 등 음운론적 영역 가운데 (㉡) 사용에 제한을 보인다.

11 자폐성장애 아동의 언어 특성이다. 각각에 해당하는 용어를 쓰시오.

> (1) 다른 사람을 '나'로 표현하고 자기 자신을 '너', '그' 또는 '그녀'로 표현하는 것을 말한다. 예를 들어, 자기 자신이 우유를 마시고 싶을 때 "너는 우유를 마시고 싶어요."라고 말하는 것이다.
> (2) 상대방이 말한 것을 그대로 반복하여 따라 말한다.
> (3) 자기 자신만의 새로운 단어나 구를 만들어 사용하는 것으로, 예를 들어 고드름을 '물뼈'라고 부른다.

12 ㉠, ㉡에 해당하는 반향어의 기능을 서술하시오.

> (1) 교사 : (지혜를 바라보며) 피자 다 먹었어. 피자 다음에 더 줄게.
> 지혜 : ㉠ (피자 상자를 바라보며) 피자 다음에 더 줄게.
> (2) 성우 : ㉡ 성우 주차장에서 뛰면 안 돼.
> 엄마 : 그렇지. 엄마가 주차장에서 뛰면 안 된다고 말했지?

13 반향어의 발생 이유를 서술하시오.

14 반향어를 보이는 아동에게 교사의 언어사용 시 유의점을 쓰시오.

15 자폐성장애 아동이 "나 먹을래."라고 말해야 하는 상황에서 "너 먹을래."라고 말하는 현상을 지칭하는 용어를 쓰시오.

16 학생 A가 보이는 ㉠과 ㉡에 해당하는 감각체계 특성을 각각 쓰시오.

> 평소에 ㉠ 끈적이고 미끌거리는 액체를 만지는 것에 대해 강한 거부감을 보이고, ㉡ 큰 소리를 즐기고 소음을 만드는 것을 좋아함

17 Dunn의 감각처리 모델은 자폐성장애 학생의 감각처리 과정을 ㉠ 2가지 기준에 따라 ㉡ 4가지 유형으로 분류하였다. ㉠과 ㉡에 해당하는 내용을 쓰시오.

18 자기조절전략 측면에서 '낮은 등록'과 '감각 회피'를 보이는 학생들의 감각처리 특성을 비교하여 쓰시오.

19 Dunn의 감각처리 패턴 중 '감각 추구'와 '감각 회피' 특성을 보이는 학생을 위한 지원전략의 초점을 각각 서술하시오.

사회적 상호작용 중재(1)

Chapter 03-1

학습목표 사회적 상황이야기, 짧은만화대화, 사회적 도해 중재를 설명할 수 있다.

01 사회적 상황이야기

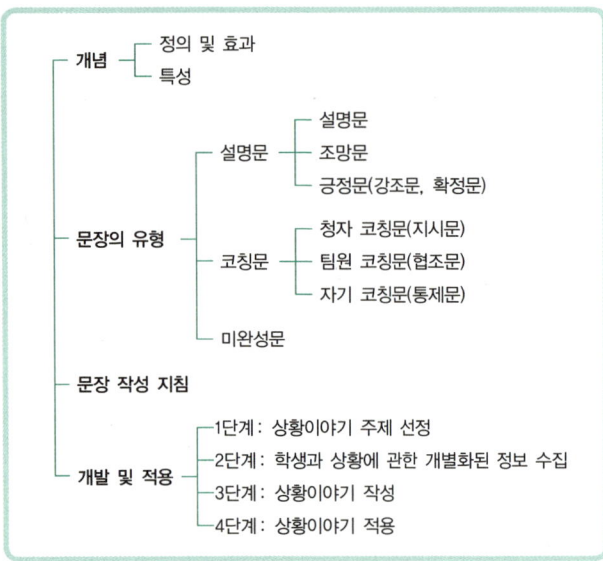

1. 사회적 상황이야기의 개념

① **정의 및 목적**: 사회적 정보를 명시적으로 설명해 사회적 상황을 예측하게 하고 기대되는 사회적 행동을 할 수 있도록 돕는 것을 목적으로 함

   🍃 아동이 따라야 할 행동을 목록화한 것이 아니라 _____ _____에 중점

② **효과**

   ㉠ _____

   ㉡ _____

   ㉢ _____

③ **특징**

   ㉠ 글자와 그림을 기반으로 하는 _____

   ㉡ _____

   ㉢ 개별화된 _____ 중재방법으로, 학생과 상황에 관한 개별화된 정보를 수집
   → 개별화된 내용과 문장으로 구성함

2. 문장의 유형

① 설명문(서술문)

유형	내용
설명문	관찰 가능한 상황적 사실을 설명하거나, 사실에 관련한 사회적인 가치나 통념에 관한 내용을 제시함
조망문	다른 사람의 마음 상태나 생각, 느낌, 믿음, 의견, 동기, 건강 및 다른 사람이 알고 있는 것에 대한 정보 등과 관련한 정보를 제시함
긍정문 (강조문, 확정문)	일반적인 사실이나 사회적 규범·규칙 등과 관련한 내용을 강조하기 위한 문장으로, '확정문' 또는 '강조문' 등으로도 불림

② 코칭문

유형	내용
청자 코칭문 (지시문)	이야기를 듣는 학생이 할 수 있는 행동이나 반응을 제안함
팀원 코칭문 (협조문)	양육자나 교사와 같은 팀 구성원이 학생을 위해 할 수 있는 행동을 제안하거나 떠올리도록 함
자기 코칭문 (통제문)	학생이 부모나 교사와 함께 이야기를 검토하면서 이야기 구성에 참여하는 것. 자기 코칭문은 학생의 주도권을 인정하고 스스로 이야기를 회상하며 다양한 시간과 장소에서 이야기의 내용을 일반화시킬 수 있도록 도움

🔆 더 알아보기 청자 코칭문과 자기 코칭문의 비교

• 청자 반응은 "나는 ~ 노력할 수 있다.", "나는 ~ 할 것이다."와 같이 스스로의 노력을 강조하는 문장임. 청자 반응을 활용할 때 주의할 것은 청자가 자기효능감을 유지하고 안전성을 보장할 수 있도록 이 문장을 과하게 쓰지 않아야 한다는 것임

• 자기 코칭은 독자 스스로 정보를 회상하고 적용하기 위해 사용되는 개인적인 전략임. 이 문장은 독자가 사회적 상황에서 적절하게 감정을 조절하고, 정보를 기억하게 하는 데 유용함

③ 미완성문

유형	내용
미완성문	다음 단계에 어떤 일이 일어날 것인지를 추측하도록 하는 문장으로, 다른 사람들의 반응이나 그러한 반응에 대한 자신의 느낌·추측이 포함됨

[사회적 상황이야기 예시]
• 일반적으로 사람들은 아프기 때문에 의자에 앉아서 기다리고 싶어 한다.
• 아버지는 내가 가만히 앉아서 기다릴 수 있도록 나에게 퍼즐을 주시면서 "퍼즐을 맞춰라."라고 말씀하실 것이다.
• 나는 중학생이기 때문에 가만히 앉아서 기다릴 수 있다.
• 나는 가만히 앉아서 기다리기 위해 퍼즐을 맞춘 후 아버지에게 퍼즐을 다 맞췄다고 말할 것이다.
• 아버지는 내가 가만히 앉아서 퍼즐을 맞추고 있다면 좋아하실 것이다.

3. 상황이야기 문장 작성 지침

① 1인칭 또는 3인칭 형태로 서술

② 긍정적 용어로 서술, 융통성 있는 언어로 서술

③ 학생의 언어이해(인지) 수준에 적합

④ 학생이 매일 접하는 일상생활 관련 내용

⑤ 설명문 문장 수가 코칭문 문장 수의 2배 이상

4. 개발 및 적용

① 상황이야기 주제 선정

② 학생과 상황에 관한 개별화된 정보 수집

③ 상황이야기 작성

④ 상황이야기 적용

02 짧은만화대화(연재만화대화)

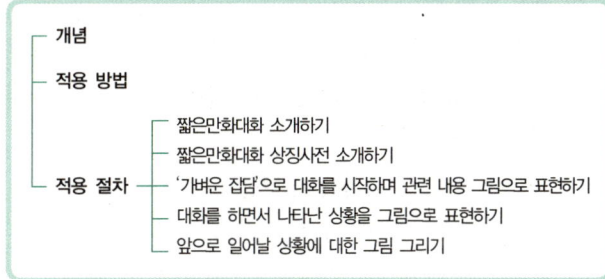

1. 짧은만화대화의 개념

① 정의 : 상황이야기와 같이 사회적 상황에서 발생하는 다양한 정보를 보다 용이하게 이해할 수 있도록 _____으로 안내하는 사회적 담화 방법

② 2명의 대화 상대자를 그림으로 등장시키고, 그림 속 주인공들이 자신의 생각·동기·믿음 등을 명시적인 그림과 글로 표현해 _____ 능력과 적응능력을 지원함

2. 짧은만화대화의 적용 방법

① 간단한 그림을 그리며 _____를 나누는 전략으로, 이때 사용되는 그림은 사회적 상황에서 겪는 어려움을 지원하기 위한 설명으로 사용됨

② 8컷 이하의 매우 짧은 만화형식으로 _____와 좋아하는 만화형식을 이용하여 적극적 참여 유도

③ 정서를 표현하기 위해 _____을 사용할 수 있음

④ 상징사전은 개인의 필요에 따라 재구성하거나 새로 개발할 수 있음

ㄱ _____ : 기본적인 대화 개념인 '듣기, 방해하기, 조용한 말, 시끄러운 말, 말하기, 생각하기' 등으로 구성된 8개의 상징을 포함함

ㄴ _____ : 사람상징은 가능한 한 대화를 방해하지 않을 정도로 단순하고 빨리 그릴 수 있어야 함

3. 짧은만화대화의 적용 절차

① 짧은만화대화 소개하기

② 짧은만화대화 상징사전 소개하기

③ '가벼운 잡담'으로 대화를 시작하며 관련 내용 그림으로 표현하기

④ 대화를 하면서 나타난 상황을 그림으로 표현하기

	부모/전문가가 학생에게 상황과 관련된 질문을 해 '그림 완성하는 것'을 도울 수 있음
	학생이 새로운 생각을 받아들일 준비가 되었을 때 부모나 전문가의 관점을 공유함. 이때 학생의 관점을 이해하는 것과 정확한 사회적 정보를 공유하는 것 사이의 균형을 유지하는 것이 중요함
	대화를 유지하고 이해하기 쉽게 하려면, 학생이 순서 없이 여러 가지 사건에 관해 이야기하려 할 경우, 사건의 순서에 따라 이야기를 진행하게 함
	상황에 대한 새로운 해결방안을 파악하기 전에 학생에게 먼저 대화를 요약해 보도록 해 상황의 핵심을 검토하게 할 수 있음
	이야기 중에 나타난 여러 가지 어려운 상황에 대한 해결방안을 모색해 봄

⑤ 앞으로 일어날 상황에 대한 그림 그리기

　㉠ 자폐아동에게 어떤 일이 일어날지, 언제 그 일이 시작되고 끝날지, 누가 관여하게 될지, 학생에게 어떤 점을 기대하는지 등과 같은 명확하고 정확한 정보를 제공해 학생을 지원함

　㉡ 자폐아동은 정보를 글자 그대로 해석하거나, 짧은만화대화에서 제시한 것과 동일하게 행동하려는 경향을 보임

　　→ 변화 가능한 일과를 대화에 포함하여, 상황이 바뀔 수도 있음을 알려주어야 함

03 사회적 도해(사회적 분석)

┌ 개념 및 단계
├ 장점
└ 비교

① 정의 : 자폐성장애 아동이 사회적 실수를 한 후 이를 분석해 기록하는 것으로, 자신의 행동에 나타난 사회적 실수를 이해하고, ＿＿＿＿＿＿＿ 능력을 향상시키기 위한 전략

② 단계

1단계	실수하게 된 주변 환경 기술
2단계	사회적 실수가 무엇인지 판별
3단계	
4단계	
5단계	향후 사회적 실수를 하지 않기 위한 계획 세우기

③ 장점

　㉠ ＿＿＿＿＿＿＿＿＿＿＿＿＿＿＿＿＿＿

　㉡ ＿＿＿＿＿＿＿＿＿＿＿＿＿＿＿＿＿＿

④ 비교 : 앞으로 일어날 사회적 갈등을 줄이기 위해 사용되는 상황이야기와 달리, 사회적 도해는 사회적 실수를 저지른 다음 실시하는 중재방법임

✎ 형성평가

정답 및 해설은 동영상강의(유료)로 제공 ●

01 사회적 상황이야기의 목적을 1가지 쓰고, 효과를 2가지 쓰시오.

02 다음에 해당하는 Gray의 사회적 상황이야기의 문장 유형을 각각 쓰시오.

> ㉠ 점심시간에는 식당에서 밥을 먹어요.
> ㉡ 나는 식당에 갈 때 줄을 서서 이동할 수 있어요.
> ㉢ 내가 차례를 지키지 않으면 친구들이 속상해 해요.

03 다음 사회적 상황이야기 문장의 기능을 서술하시오.

> ㉠ 미완성문
> ㉡ 팀원 코칭문
> ㉢ 청자 코칭문
> ㉢ 자기 코칭문

04 사회적 상황이야기 작성지침을 3가지 제시하시오.

05 사회적 상황이야기 주제 선정 시 학생이 우선적으로 선정해야 하는 내용을 제시하시오.

06 자폐성장애 학생에게 적절한 상황이야기 내용 구성과 작성방법을 파악하기 위해 교사가 파악해야 하는 학생 정보를 쓰시오.

07 짧은만화대화에서 색깔을 활용하는 경우를 서술하시오.

08 짧은만화대화 중재방법을 서술하고, 사람상징사전 사용 시 유의점을 1가지 쓰시오.

09 짧은만화대화 4단계 '대화를 하면서 나타난 상황을 그림으로 표현하기'의 순서를 쓰시오.

> ㉠ 정보 수집하기
> ㉡ 이야기 순서와 내용 구조화하기
> ㉢ 대화 요약하기
> ㉣ 해결방안 모색하기
> ㉤ 부모나 전문가의 관점을 학생과 공유하기

10 짧은만화대화에서 '앞으로 일어날 상황에 대한 그림 그리기' 시 주의할 사항을 1가지 쓰시오.

11 사회적 도해의 단계를 쓰시오.

12 사회적 도해의 중재 시점을 '사회적 상황이야기'와 비교하여 쓰고, 사회적 도해의 장점을 2가지 쓰시오.

사회적 상호작용 중재(2)

학습목표 파워카드 전략, 비디오 모델링 중재를 각각 설명할 수 있다.

04 파워카드 전략

```
       ┌ 정의
   ┌ 개념 ┤       ┌ 간단한 시나리오
   │      └ 요소 ┤
   │             └ 명함 크기의 파워카드
   └ 적용
```

① 정의 : _____과 _____을 활용한 강점 중심 전략이자 사회적 담화의 한 유형

② 학생의 독특한 관심사를 이용하는 이유

　㉠ _____

　㉡ _____

　㉢ _____

③ 파워카드 전략의 요소

간단한 시나리오	• 학생이 영웅시하는 인물이나 특별한 관심사, 학생이 힘들어하는 행동이나 상황과 관련한 간략한 시나리오를 작성함 • 시나리오는 학생의 _____으로 작성함 • 특별한 관심사에 해당하는 그림을 포함함	
	첫 번째 문단	영웅이나 롤모델이 등장해 문제 상황에 대한 해결이나 성공 경험을 제시함
	두 번째 문단	3~5단계로 나눈 구체적인 행동을 제시해 새로운 행동을 습득할 수 있도록 함
명함 크기의 파워카드	• 파워카드에는 특별한 관심 대상에 대한 _____과 문제행동이나 상황에 대한 _____을 제시함 • 파워카드는 학생이 습득한 행동을 일반화하기 위한 방안으로도 활용될 수 있음 • 지갑이나 주머니에 넣고 다니거나 책상 위에 두고 볼 수 있도록 하며, 해당 상황에 직면했을 때 ASD 아동이 해결책을 상기할 수 있는 _____가 됨	

④ 파워카드의 예시

파워카드
① 치타는 색종이를 가지고 있는 친구 옆으로 간다.
② 친구를 보면서 "친구야, 네 색종이를 같이 써도 되니?"라고 친구의 생각을 물어본다.
③ 친구가 "그래"라고 말하면 친구의 색종이를 사용하여 꾸미기를 한다.

05 비디오 모델링

```
   ┌ 개념
   ├ 장점
   │        ┌ 성인/또래 모델링
   ├ 유형 ┤ 자기 모델링
   │        └ 관점 모델링
   ├ 유형의 장단점
   └ 비디오 모델링과 비디오 촉진 비교
```

① 정의 : 아동이 수행해야 할 _____을 비디오를 통해 시범 보이는 기법

② _____ : 관찰자가 성공뿐만 아니라 실수를 통해 배울 수 있도록 그대로를 분석함

③ 일반적인 장점

　㉠ _____

　㉡ _____

　㉢ _____

　㉣ _____

　㉤ _____

　㉥ ASD 아동의 특별한 관심을 활용해 비디오 모델링이 자동적인 강화의 역할을 할 수 있음

✎ **자동적 강화(↔사회적 강화)** : 사람이 매개하는 강화가 아닌 특정 행동이 강화적 결과를 가져오는 경우

> 예 모기 물린 곳이 가려워서 긁는 것

④ 유형

성인/또래 모델링	성인, 또래, 형제자매를 모델로 사용하는 비디오 모델링을 통해 긍정적 행동을 보여줌
자기 모델링	스스로 바람직한 행동을 성공적으로 수행하는 것을 관찰해 목표행동을 모방하도록 함 → 편집된 비디오 기술이 요구됨
관점 모델링	아동의 행동을 과제분석해 아동의 눈높이에 맞게 카메라로 일련의 단계를 따라감

⑤ 장단점

유형	장점	단점
또래/성인 모델링	• 쉽게 촬영할 수 있음 • 유지가 잘 됨	• 모델에 관심을 보이지 않을 수 있음 • 다양한 일반화 결과를 가져옴
자기 모델링	• 자신감이 문제일 때 효과적임 • 높은 관심을 일으킬 수 있음 • 일반화가 잘 됨	• 촬영하기 어려울 수 있음 • 편집이 복잡함
관점 모델링	• 쉽게 촬영할 수 있음 • 실제 생활을 보여줌 • 편집이 쉬움	• 행동의 범위가 제한적임 • 아직 연구가 많지 않음
애니메이션 (캐릭터)	• 아동에게 인기 있음 • 주로 전문적으로 제작됨	• 모델과의 관련성이 적음 • 행동의 범위와 특이성이 제한됨

⑥ 비디오 모델링(VM)과 비디오 촉진(VP)의 비교 : VM은 과제 전체에 대한 동영상을 보고 과제를 수행하는 반면, VP는 과제를 짧은 단계로 나누어 각 단계의 동영상을 보고 모방하므로, 복잡한 기술을 교수하거나 주의집중과 기억에 어려움을 보이는 장애학생들이 과제를 모방하고 기술을 효율적으로 학습하도록 촉진함

형성평가

정답 및 해설은 동영상강의(유료)로 제공 ●

13 파워카드 전략은 자폐성장애 아동의 (　㉠　)와/과 (　㉡　)의 강점을 활용한 강점 중심의 중재방법이다. ㉠과 ㉡에 해당하는 말을 쓰시오.

14 파워카드 전략에서 아동이 좋아하는 인물이나 관심사를 이용하는 이유를 3가지 서술하시오.

15 파워카드 전략의 구성요소 중 ① 간단한 시나리오 작성 시 고려해야 할 사항을 1가지 쓰고, ② 명함 크기 파워카드의 기능을 1가지 쓰시오.

16 비디오 모델링과 자기관찰의 차이점을 서술하시오.

17 비디오 자기모델링 방법을 서술하고, 해당 방법이 다른 유형의 비디오 모델링과 비교하여 어려운 이유를 서술하시오.

18 비디오 모델링 전략의 장점을 2가지 쓰시오.

19 비디오 모델링과 비디오 촉진의 차이점을 비교하여 서술하시오.

Chapter
03-2

의사소통 중재(1)

학습목표 비연속 개별시도 교수와 중심축 반응훈련을 각각 설명하고, 두 중재의 차이점을 비교하여 설명할 수 있다.

01 비연속 개별시도 교수(DTT)

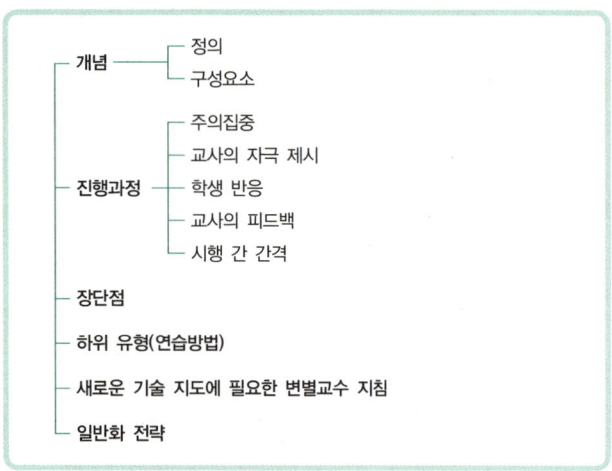

- 개념 ─ 정의
         └ 구성요소
- 진행과정 ─ 주의집중
           ─ 교사의 자극 제시
           ─ 학생 반응
           ─ 교사의 피드백
           └ 시행 간 간격
- 장단점
- 하위 유형(연습방법)
- 새로운 기술 지도에 필요한 변별교수 지침
- 일반화 전략

① 정의: 응용행동분석의 원리(ABA)를 적용한 접근방법으로, _____(A)-_____(B)-_____(C)의 3단계 과정을 3~5초간 _____을 두고 _____으로 신속하게 실시하는 중재

> 시행: 식별자극(S^D) ➡ 아동의 반응(R) ➡ 후속결과(S^R)
>
> 예: "이게 뭐지?" ➡ "과자." ➡ "우와! 맞았어. 이건 과자야."
>
> (교사는 과자를 들고 있다) ➡ (아동이 반응한다) ➡ (교사는 후속결과인 강화물을 제공한다)

ㄱ 시도: 단일 교수단위(A-B-C-시도 간 간격)

ㄴ 비연속: 시도 간 짧은 간격

ㄷ 정반응 → 강화, 무반응 또는 오반응 → 교정적 피드백

② 목표: _____(지시하면 반응하지만, 지시하지 않으면 반응하지 않는 것)

③ 특징: _____

④ 진행과정

단계	내용
	매 교수 시행마다 학생의 주의를 끎
	• 교수 또는 지시를 하는 것으로, 학생의 반응에 대한 변별자극을 제시함 • 변별자극은 일관되고 명확하며 간결해야 함 • 특히 초기에는 변별자극을 통일해 사용해야 함(변별자극을 일부 수정할 경우 혼동을 유발하고, 정반응을 보일 가능성이 낮아짐)
	• 교사의 자극(단서)에 대해 학생이 반응함. 학생은 정반응/오반응/무반응을 보일 수 있음 • 학생이 오류 없이 학습할 수 있도록 변별자극과 더불어 촉진을 제공할 수 있음 • 학생이 촉진 없이도 자극이 제시되었을 때 정반응을 할 수 있도록 점진적으로 촉진을 용암시켜야 함
	• 학생이 정반응을 하면 교사는 즉시 칭찬, 안아주기, 음식물, 장난감, 활동 등의 강화제를 제공함 • 학생이 오반응이나 무반응을 보이면 즉각적으로 _____을 제공함
	• 교사는 대략 3~5초 정도의 간격을 두고 다음 개별시행을 실시함 • 시행 간 간격은 학생의 올바른 반응에 대한 강화를 받는 동안의 시행들과 교사가 그 시행 동안에 자료를 기록하는 사이의 짧은 시간 간격을 의미함 • 시행 간 간격은 학생에 따라 더 길어질 수도, 짧아질 수도 있음 • 학생에게 적절한 시행 간 간격이 주어졌다면, 학생의 반응 정확도를 시행 간 간격 동안에 기록함(_____)

⑤ 단점

ㄱ 학생 스스로 행동을 먼저 시작하기 어려움

ㄴ 일반화하기 어려움

ㄷ 노동집약적임

⑥ 하위 유형(연습방법)

유형		내용
집중시행 (massed trials)	특징	같은 반응을 이끌어내기 위해 여러 번 같은 차별자극을 연속해서 사용함
	장점	기술을 습득하는 데 효과적임
	단점	학습한 정보를 빨리 잊게 되는 경향이 있음
분산시행 (distributed trials)	특징	시행을 훈련 회기 동안에 분산해 실시함
	장점	학습한 반응이 오래 유지됨
	단점	학습하는 데 시간이 많이 걸림
집단시행 (collective trials)	특징	교사가 한 학생에게 DTT를 시행하는 동안 다른 학생이 이를 보고 관찰학습이 일어날 수 있는데, 이를 집단시행이라고 함
	장점	• 스포트라이트를 공유함 • 모델링을 통해 학습함
	단점	해당 학생에게 직접 질문을 하지 않으면 주의집중이 일어나기 어려움

더 알아보기 **연습방법**

• **집중시도** : 단일과제를 집중적으로 여러 차례에 걸쳐 가르치는 것
  → 새로운 기술을 습득하거나 유창성을 높일 때 유용함
• **분산시도** : 하루 일과 중 자연스러운 상황에 삽입해 목표행동을 가르치는 것으로, 연습과 연습 사이에 다른 활동을 할 수도 있고, 다른 행동에 대해 배울 수도 있음
  → 자연스러운 환경에서 실시할 때 유용함
• **간격시도** : 교사가 단일과제를 가르친 후 학생을 쉬게 하고, 그동안 다른 학생에게 시켜보거나 다른 과제를 하게 해서, 해당 학생이 다시 똑같은 것을 배우기 전에 조금 전에 배운 것을 생각해 보거나 친구가 하는 것을 볼 수 있는 기회를 주는 것
  → 집단으로 가르치거나 일반학생과 교과서 또는 화면을 보고 읽는 연습을 할 때 효과적

---

02 **중심축 반응 훈련(PRT)**

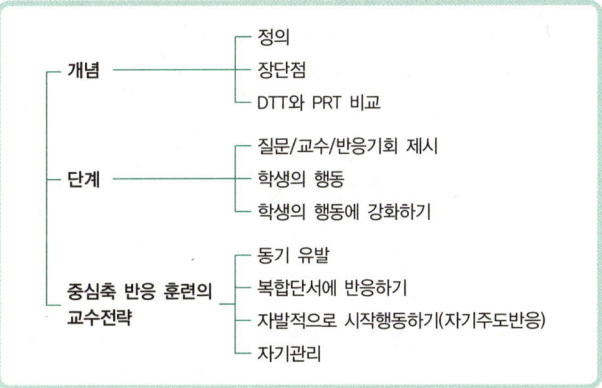

① 응용행동분석 원리를 기반으로 하나, 전통적인 방법과 다르게 자연적 환경에서 자연적 중재 절차를 사용하므로 _____에 해당함

＊ 자연적 중재 : 인위적 환경 구조가 아닌 친근한 일상생활 환경과 같은 자연스러운 상황에서 학습하도록 함으로써 장애아동의 바람직한 발달과 변화를 이끌어 내고자 하는 중재

② **중심축 반응** : 훈련으로 향상될 경우 훈련받지 않은 다른 행동에도 변화를 가져올 수 있는 행동

예 동기유발, 복합단서에 반응하기, 자기주도반응, 자기관리

→ 중심축 반응 훈련은 이러한 중심축 반응을 가르쳐 _____를 돕는 전략

③ 장점
  ㉠ 부수적인 습득 발생 → 매우 경제적인 중재방법
  ㉡ 자연적 강화를 통해 인위적 촉진에 대한 의존성 감소

④ 비교

	DTT	PRT
교수 환경		
교수 초점		
강화제		

PART
03

구분	DTT	PRT
교재	• 치료자가 선택 • 준거에 도달할 때까지 반복훈련 • 중재 절차의 시작은 자연적 환경에서 기능적인지 여부를 고려하지 않고 목표과제와 관련된 교재 제시	• 아동이 선택 • 매 시도마다 다양하게 제시 • 아동의 일상 환경에서 쉽게 찾을 수 있는 연령에 적합한 교재 사용
상호작용	• 훈련자가 교재를 들고 있음 • 아동에게 반응하도록 요구함 • 교재는 상호작용하는 동안 기능적이지 않음	훈련자와 아동이 교재를 가지고 놀이에 참여함
반응	정반응이나 정반응에 가까운 반응을 강화함	반응하고자 하는 시도(자기자극 행동 제외)는 대부분 강화함
결과	먹을 수 있는 강화제를 사회적 강화와 함께 제공	자연적 강화(예 교재를 가지고 놀 수 있는 기회 제공)를 사회적 강화와 함께 제공

⑤ 단계: A → B → C

  ㉠ 질문/교수/반응기회 제시

   • 분명하고, 방해요소가 없으며 과제에 적절해야 함
   • 유지과제(아동이 수행할 수 있는 과제)와 새롭게 습득해야 하는 과제를 함께 섞어서 제시함
   • 아동과 통제를 공유함: 아동이 과제를 선택할 수 있게 함
   • 다양한 요소(단서의 요소)를 포함함

  ㉡ 학생의 행동

  ㉢ 학생의 행동에 강화하기

   • 아동의 반응에 수반해 제공함
   • 반응한 어떠한 시도에 뒤이어 이루어져야 함
   • 바람직한 행동과 관련이 있어야 함

⑥ 교수전략

	㉠ 학습자의 관심 유발하기 ㉡ _____ ㉢ 학습자의 선택 활용하기 ㉣ 다양한 활동, 교재, 반응 활용하기 ㉤ _____ ㉥ _____ ㉦ _____
	이미 습득한 중심 행동을 바탕으로 여러 다양한 속성과 특징을 지닌 복잡한 요구에 반응하도록 하는 것 예 초록색 블록, 작은 소 등
	스스로 시작하는 상호작용을 통해 학습이 일어나므로 중요 중심반응 예
	자기관리 기술은 다른 사람에 대한 의존을 줄이고 일반화를 촉진하므로 중요 중심반응 * 자기관리 기술: _____

형성평가

정답 및 해설은 동영상강의(유료)로 제공 ●

01 비연속 개별시도 교수의 목적을 설명하시오.

02 비연속 개별시도 교수의 단계이다. ㉠과 ㉡ 단계에서 교사의 역할을 서술하시오.

> ① 주의집중
> ② ㉠ 교사의 자극 제시
> ③ 촉진
> ④ 아동의 반응
> ⑤ ㉡ 교사의 피드백
> ⑥ 시행 간 간격

03 비연속 개별시도 교수의 단점을 2가지 쓰시오.

04 비연속 개별시도 교수의 하위 유형 중 집중시행의 단점과 비교하여 분산시행이 갖는 장점을 쓰시오.

05 비연속 개별시도 교수로 배운 기술을 일반화하기 위해 사용할 수 있는 전략을 2가지 제시하시오.

06 중심축 반응 훈련과 비연속 개별시도 훈련의 차이점을 ① 교수 환경, ② 교수 초점, ③ 사용하는 강화제 측면에서 비교하여 서술하시오.

07 중심축 반응의 정의를 서술하고, 중심축 반응 행동을 4가지 쓰시오.

08 중심축 반응 훈련의 단계 중 '질문/교수/반응기회 제시' 단계에서 ③, ④의 고려할 사항을 쓰시오.

> ① 아동의 주의를 끌고 유지하기
> ② 주도 공유하기
> ③ _____
> ④ _____

09 중심축 반응 훈련의 단계 중 '학생의 행동에 강화하기' ⑥의 고려사항을 쓰시오.

> ⑤ 후속적으로 강화하기
> ⑥ _____
> ⑦ 명확하고 직접적인 반응–강화 관계 강화하기

10 중심축 반응 훈련에서 '동기' 반응을 향상시키기 위한 교수전략을 7가지 순서대로 쓰시오.

11 '자기관리 기술'이 중심축 행동인 이유를 서술하시오.

12 '자기주도반응'을 중심축 반응 영역으로 선정하는 이유를 서술하시오.

Chapter 03-2 의사소통 중재(ㄹ)

03 기능적 의사소통 훈련(FCT)

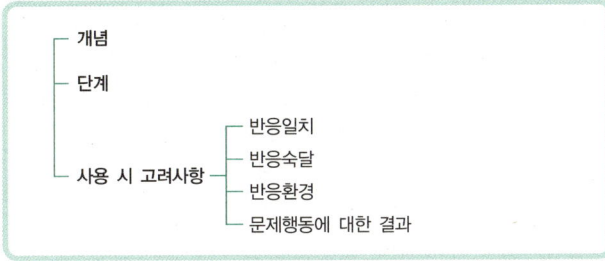

① 정의: 문제행동을 대신할 _____을 가르쳐 사회적으로 수용 가능한 방법으로 _____을 할 수 있도록 하는 중재방법

② _____ : 실생활에서 우선적으로 필요한 것을 중심으로 자연스러운 환경에서 의사소통하는 것을 강조

③ 단계(중재방법)

㉠ _____ : 문제행동의 의사소통적 기능을 파악

㉡ 바람직한 의사소통 행동 지도 : 해당 기능과 동일하면서도 사회적으로 수용 가능한 의사소통 행동을 교수하고 강화

㉢ 문제행동 감소

④ 대체행동 선택 시 고려사항

반응일치	대체행동이 문제행동의 기능과 일치하는가?	
반응숙달	대체행동이 바람직한 결과를 얻는가?	
		대체행동은 문제행동보다 빠르고 쉽게 원하는 결과를 얻어야 함
		대체행동은 주변 환경 안에서 다른 사람이 받아들일 수 있어야 함
		대체행동은 친근한 사람이나 생소한 사람들이 쉽게 알 수 있어야 함

04 공동행동일과(JARs)

① 정의: _____로, 자연스러운 환경 내 _____에 의존해 언어 사용 기회를 제공하는 중재

② _____ : 아동이 언어를 사용할 수 있는 기회에 놓이도록 환경을 구성하는 전략

③ 장점: _____

④ 공동행동일과의 특징

㉠ 일과를 반복해 빈번한 기회를 제공함

㉡ 일과가 자연적인 환경에서 발생하므로 그 상황에 있는 다른 사람들이 일과를 알고 있어 쉽게 시작하고 적절히 반응할 수 있음

㉢ 활동은 _____하고 _____이며 _____해야 함

05 그림교환의사소통 체계(PECS)

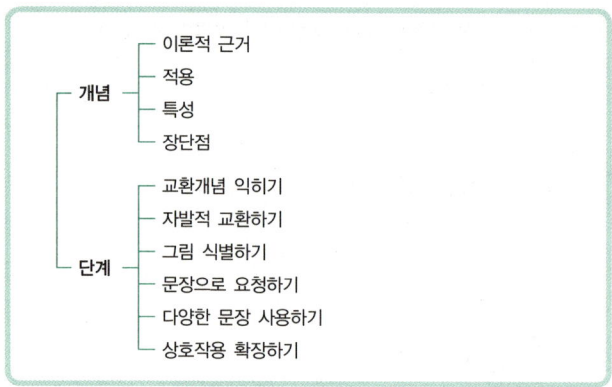

개념 ─ 이론적 근거
     ├ 적용
     ├ 특성
     └ 장단점

단계 ─ 교환개념 익히기
     ├ 자발적 교환하기
     ├ 그림 식별하기
     ├ 문장으로 요청하기
     ├ 다양한 문장 사용하기
     └ 상호작용 확장하기

1. PECS의 이론적 근거 및 적용

① 구어를 통한 _____이 어려운 ASD나 기타 무발화 아동에게 적용 가능함

② PECS의 가장 큰 효과는 _____ 의사소통적 상호작용 비율을 증가시킨다는 것임

③ _____를 시도하게 해 기능적인 사회 의사소통 기술을 가르침

④ 아동의 강화선호도는 시간이 지남에 따라 변할 수 있기 때문에 강화물 사정은 훈련 종료 때까지 반복됨

⑤ PECS의 핵심적인 의사소통 기술들은 의사소통 표현기술(강화물이나 활동 요구하기, 도움 요구하기, 원하지 않는 사물이나 행동에 대한 요구 거절하기 등)과 수용기술 측면(기다리기, 지시 따르기, 지시에 반응하기, 전이 단서와 시각적 스케줄 따르기 등)으로 나누어볼 수 있음

2. PECS의 특성

① 보완대체의사소통의 한 방법이지만, 아동이 의사소통 대상자에게 접근해야 하고 상호작용을 먼저 시작한다는 점에서 차이가 있음

② 시각적 지원
   ㉠ 청각적 정보이해에 어려움이 있는 ASD에 효과적
   ㉡ 사용방법을 쉽게 배울 수 있으므로 대화상대자와 효과적으로 의사소통할 수 있음

③ 교육내용

_____ → _____ → _____ 등

🍃 그중에서도 '요청하기'를 첫 번째 의사소통 행동으로 가르치는 이유 : _____

3. PECS의 단계

	• 목적: 그림을 주면 원하는 것을 얻을 수 있다는 교환개념을 익힘 • 방법: 아동이 그림카드를 집어 교사에게 주면 교사는 그림에 해당하는 물건의 이름을 말하면서 실제 물건과 즉시 교환해 줌
	• 목적: 좀 더 _____으로 그림카드를 교환함 • 방법: 아동과 교사 간 거리, 그림카드와 아동의 거리를 점차 넓히면서 연습함
	• 목적: 두 가지 이상의 그림을 변별하는 것을 습득(무작정 그림카드를 가져오는 것으로는 보상 ×) • 방법: 선호하는 물건과 선호하지 않는 물건의 그림카드를 변별해 요구하도록 지도함. 나아가 여러 개의 그림카드 가운데 가장 선호하는 그림카드를 선택하도록 지도함 • 그림 변별 지도 단계 ① _____ ② _____ ③ _____ ④ _____
	• 그림카드를 문장으로 구성하도록 지도함 • '주세요'라고 쓰인 문장카드에 좋아하는 사물의 그림카드를 붙여 문장을 완성하는 활동을 한 후, 좋아하는 사물과 '주세요' 카드를 문장카드에 붙여 의사소통 상대에게 건네는 것을 가르침
	간단한 질문에 대답하는 것을 지도함
	요구하기뿐만 아니라 자신의 감정이나 생각을 표현하도록 하고, 먼저 의사소통을 시작하며 다양한 대화 상대자와 소통하도록 지도함

4. PECS의 장단점

① 장점

    ㉠ 그림을 제시하는 즉시 강화가 제공되므로
    _____

    ㉡ 누구나 보고 이해할 수 있는 그림이나 문자를 이용하기 때문에 _____

② 단점

    ㉠ PECS 초기 훈련 단계에서 두 명의 교사가 필요함

      ✎ 그림교환을 시도하는 _____(아동 앞)와 신체적 단서를 제공하는 _____(아동 뒤, 아동에게 원하는 사물을 그림카드로 요구하도록 가르침)

    ㉡ 대화 상대자의 얼굴을 지속적으로 쳐다보며 대화하기 어렵고, 대화의 흐름이 끊기거나 속도가 늦어짐

06 우연교수

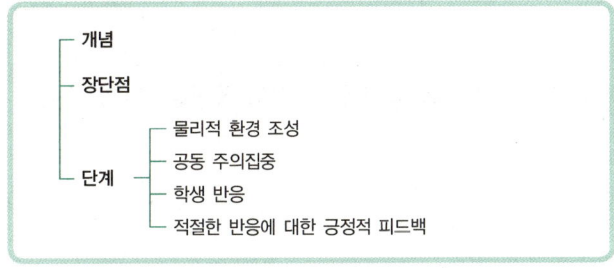

① 개념: 미리 계획된 학습목표와 아동의 선호도를 중심으로 학습환경을 구성한 뒤, 아동이 특정 사물이나 활동에 관심을 보이기 시작하면 아동에게 질문하거나 촉구함으로써 그 관심을 격려하고, 이때 아동이 적절한 반응을 보이면 선호하는 물건을 제공함

② 핵심: _____를 통한 상호작용 습득

③ 단계

    ㉠ _____: 아동이 물건 또는 활동을 원하거나 필요로 하는 상황을 찾거나 만들어 줌

    ㉡ 공동의 주의집중

    ㉢ 관심을 보일 때까지 기다린 후 적절한 반응을 보이도록 촉구하고, 필요한 경우 아동의 반응을 정교화하거나 시범을 보임

    ㉣ 적절한 반응에 대한 긍정적인 피드백(원하는 물건 또는 활동)이나 칭찬을 제공함

④ 장점

    ㉠ 아동의 자연스러운 환경에서 일어나는 학습이므로 _____를 촉진함

    ㉡ 아동의 요구로부터 시작되기 때문에 아동 주도적인 _____을 강화함

    ㉢ _____로 적절한 행동을 강화하고 유지시킴

형성평가

정답 및 해설은 동영상강의(유료)로 제공

13 기능적 의사소통 훈련(FCT)의 목적을 1가지 쓰시오.

14 기능적 의사소통 훈련(FCT)에서 문제행동을 대신할 대체행동이 바람직한 결과를 얻기 위해 고려해야 할 사항을 3가지 쓰시오.

15 공동행동일과에서 선정하는 활동의 특성을 3가지 쓰시오.

16 공동행동일과의 장점을 2가지 쓰시오.

17 그림교환의사소통 체계(PECS)에서 '요청하기' 의사소통 행동을 첫 번째 목표로 지도하는 이유를 서술하시오.

18 그림교환의사소통 체계에서 ㉠과 ㉡에 해당하는 단계의 명칭을 쓰고, 해당 단계의 지도방법을 간략히 서술하시오.

① 교환개념 익히기
② (㉠)
③ (㉡)
④ 문장으로 요청하기
⑤ 다양한 문장 사용하기
⑥ 상호작용 확장하기

19 그림교환의사소통 체계의 단점을 2가지 쓰시오.

20 그림교환의사소통 체계의 단계 중 3단계에서 밑줄 친 ㉠보다 먼저 지도할 내용을 쓰시오.

㉠ 좋아하는 두 개의 선호물 그림카드 중 더 좋아하는 그림카드를 교사에게 건네주어 바꾸도록 함

21 그림교환의사소통 체계의 단계 중 6단계의 목적을 서술하고, 6단계에서 이루어지는 강화방법을 쓰시오.

22 그림교환의사소통 체계를 중재할 때, 1단계와 2단계에서 두 명의 교수자의 역할을 각각 구분하여 쓰시오.

23 그림교환의사소통 체계의 5단계 지도목적을 쓰고, 해당 단계에서 '기다리기 훈련'의 지도방법을 쓰시오.

24 우연교수가 자폐성장애 학생에게 효과적인 이유를 2가지 쓰고, 우연교수의 4단계를 제시하시오.

학습목표 자폐범주성장애를 위한 교육적 중재의 두 가지 핵심 전략을 설명할 수 있다.

01 ASD 교수환경 특성

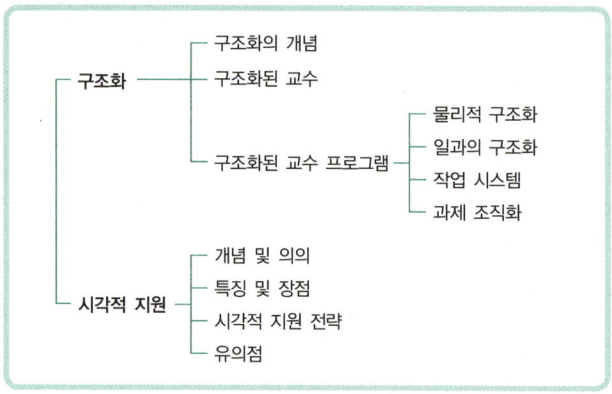

1. 구조화

① 구조화의 개념

　㉠ 정의: 교수·학습활동의 순서와 과제를 예측할 수 있도록 체계적으로 계획하고 구성하는 것

　㉡ 목적: 자폐성장애 학생의 시각적 강점과 조직성을 선호하는 특성을 활용해 이들의 학습 참여를 촉진하도록 안정감과 동기화를 증진하고자 함

　㉢ 구조화에 포함되는 정보: _____

　_____

② 구조화된 교수의 장점: _____ →

_____ → _____

2. 구조화된 프로그램

구조화된 교수의 원리 및 전략을 체계적으로 적용한 대표적 프로그램

학생이 어디에 있어야 하는지, 그리고 거기서 해야 하는 과제와 활동이 무엇인지에 대한 정보를 제공함 예 분명한 특정 경계를 제시, 학생의 주의집중을 분산시키거나 감각자극의 과부화를 유발하는 환경적 요소 줄이기

• 이제 뭘 하고, 얼마 동안 해야 하는지에 대한 불투명성을 감소시키기 위해 일과 시간이나 그림, 사진 등을 통해 매우 구체적으로 제시해 주어야 함 (→ 일과표 활용) 　− 일과표는 언제 활동이 일어나는지, 어떤 활동을 하는지, 다음에 어떤 활동을 하는지 등에 대한 정보를 제공함 　− 활동의 예측 가능성을 증진해 불안 감소에 도움 　− 시각적이고 의미 있는 정보 제공, 변경·갱신 용이 • 이 활동을 마치고 나면 어떤 활동을 하는지를 예측할 수 있도록 하며, 타이머 등을 활용해 다음 단계를 준비할 수 있도록 함

• 습득한 개별 과제를 연습·숙달하는 시각적으로 _____으로, 학생에게 독립적으로 작업하는 것을 지도함 　→ 해당 공간은 다음의 정보를 전달 　− _____ 　− _____ 　− _____ 🖋 오른쪽에는 먼저 해야 할 과제를 두어 하게 하고, 이것이 끝나면 왼쪽 편에 놓여 있는 과제를 수행하게 한 다음, 노란색 카드를 주면 그 색이 칠해진 박스에 물건을 스스로 가져다 두는 과정을 지도함. 이를 통해 독립적 활동을 배움 • 과제의 특성: _____

학생이 수행할 과제의 자료를 조직하는 것으로, 시각적 지원을 활용해 학생에게 정보를 제공함 → 시각적 지원을 통해 과제 완성 전략을 학습하고 무엇을 성취해야 하는지를 명확하게 학습함 예 블록 조립 작업(완성된 샘플 제공), 식사 도구 놓기(지그), 조립 작업(설명서)

3. 시각적 지원

① **정의**: 그림, 사진 등의 시각적 상징을 이용해 선행 자극에 대한 자극을 스스로 인지하고 학습할 수 있도록 지원하는 교수방법

② **특징 및 장점**
 ㉠ _____
 ㉡ _____
 ㉢ _____
 ㉣ 단서의 용암이 용이함

③ **시각적 지원 전략**

시각적 시간표	시각적 스케줄이라고도 하며, 시간의 흐름에 따른 활동의 순서를 제시할 때 효과적
시각적 안내판	행동 규칙 스크립트는 학생이 스스로에게 기대되는 행동을 명확히 인지하고, 이를 시각적인 상징을 통해 자기점검할 수 있도록 하여 행동의 일반화와 유지를 촉진함
시각 단서 교수	교수·학습상황에서 주어지는 다양한 자극과 정보 중에서 필요한 자극과 정보에 주의집중하고 적절하게 반응할 수 있도록 지도하며, 타인 의존의 외부통제소재를 감소시키고 일반화를 촉진함
'먼저- 그리고' 시각자료	선호하는 활동이 선호하지 않는 활동의 빈도를 증가시키기 위한 강화제로 작용할 수 있다는 _____를 활용한 전략
기타	그래픽 조직자, 비디오 모델링, 스토리 기반 중재(사회적 상황이야기·짧은만화대화 등)

④ **자폐성장애 학생을 위한 시각적 지원 시 유의점**
 ㉠ 시각적 지원과 더불어 청각적 지원을 제공할 때에는 보다 구체적인 언어를 사용해야 함
 ㉡ 구체적인 것부터 추상적인 것까지 형태와 범위를 다양하게 해 적합한 것을 선택함
  * _____: 그림의 의미를 쉽게 연상하고 유추할 수 있는 정도를 말함. 시각적 상징과 지시 대상이 유사할수록 도상성이 높으며, 도상성이 높은 상징일수록 학습하기 쉬움
 ㉢ 학생의 연령과 적합성, 크기, 지속성, 휴대 용이성, 접근성, 의사소통 수준 등을 고려해야 함

형성평가

정답 및 해설은 동영상강의(유료)로 제공

01 밑줄 친 ⊙과 ⓒ에서 교사가 학생에게 제공해야 할 정보를 각각 쓰시오.

> • 구조화된 교수 프로그램(TEACCH)의 교수 요소
> ⊙ 물리적 구조화
> ⓒ 일과의 구조화

02 구조화된 교수 프로그램(TEACCH)에서 '작업 시스템'을 적용하기 위한 과제로 선정될 수 있는 조건을 쓰고, '작업 시스템'에서 제공해야 할 정보를 3가지 쓰시오.

03 구조화된 교수 프로그램(TEACCH)에서 '과제 조직화'의 목적을 쓰고, 예를 1가지 쓰시오.

04 시각적 지원의 장점을 2가지 쓰고, 자폐성장애 학생을 위한 시각적 지원 활용 시 고려해야 할 학생의 특성을 2가지 쓰시오.

05 도상성의 개념을 서술하고, 도상성이 높은 상징을 활용하는 것이 좋은 이유를 1가지 쓰시오.

06 다음 설명에 해당하는 전략의 명칭을 쓰시오.

> ⊙ 선호하는 활동이 비선호활동의 빈도를 증가시키기 위한 강화제로 작용할 수 있다는 프리맥원리를 활용한 시각적 지원 전략
>
>
>
> ⓒ 학생이 지켜야 할 학급 규칙을 그림으로 제시하여, 교사가 학생에게 기대하는 구체적인 목표가 있을 때 효과적인 시각적 지원 전략
>
>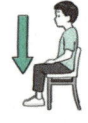

교육적 중재(ㄹ)

[학습목표] 자폐범주성장애를 위한 4가지 교수환경 지원 전략을 설명할 수 있다.

02 ASD 교수환경 지원(구조화＋시각적 지원)

1. 공간적 지원

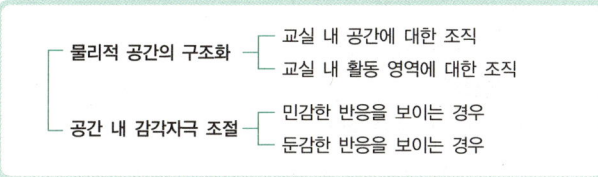

① 환경의 조직에 관한 구체적인 정보를 제공하기 위해 사용되는 지원

　[예] 공간관계 이해, 사물 위치정보 제공, 사적 공간, 감각적 과부하 시 안정 지원 등

② 교실 내 공간에 대한 조직

　㉠ 시각적 경계가 확립된 교실환경
　　• 특정 활동이 이루어지는 장소에 대한 정보 제공
　　• 색 테이프, 카펫 등을 활용해 경계 표시

　㉡ 가구 배치, 과제 영역 배치
　　• 활동에 대한 기대 증진, 주의산만 최소화

　㉢ 혼자만의 공간 설정(진정 영역, 이완 영역, 쉼터 등)
　　• 시각적 경계 명백, 편안, 긍정적 장소
　　– ＿＿＿＿＿＿＿＿＿＿＿＿＿＿＿＿＿＿＿
　　– ＿＿＿＿＿＿＿＿＿＿＿＿＿＿＿＿＿＿＿
　　– ＿＿＿＿＿＿＿＿＿＿＿＿＿＿＿＿＿＿＿

③ 교실 내 활동 영역에 대한 조직 : 학생 자신의 것, 함께 공유해야 하는 것 등 소유에 대한 정보 제공

　[예] 이름 또는 내용이 쓰인 라벨 붙이기, 사진 붙이기 등

④ 공간 내 감각자극 조절 : 감각자극에 대해 민감 또는 둔감한 반응을 보이는 학생을 위해 환경 조절

⑤ 장점 : ＿＿＿＿＿＿＿＿＿＿＿＿＿＿＿＿＿＿＿

2. 시간적 지원

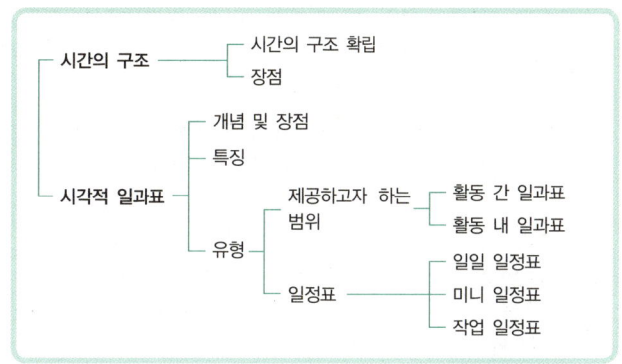

(1) 시간의 구조

① 시간적 지원 : 시간을 조직하기 위해 사용되는 지원 (＿＿＿＿＿＿＿＿＿＿＿＿에 관한 정보를 제공)

② 시간의 구조화 : 활동에 걸리는 시간, 활동의 변화와 순서, 해야 할 활동에 대한 묘사, 시작과 끝에 대한 안내, 활동의 전환 안내 등

③ 시간적 지원 전략

일정	하루의 한 부분, 하루 전체, 일주일, 한 달, 또는 일 년에 관한 정보를 제공함. 일정에 관한 시각적 지원은 시각적 일과표를 통해 이루어질 수 있음
완료 지침	• 활동이 언제 종료되는지에 관한 정보를 제공함. 활동이 얼마나 오래 지속될 것이며 언제 끝나는지에 대한 정보를 제공해 학생의 활동 참여를 증진할 수 있음 • 종료 신호의 표상 수준은 학생의 기능 수준을 고려해 적절한 시각적 표상 수준을 적용할 수 있음 • 활동 종료 신호로 과제 그림 위에 학생이 받게 될 토큰으로 종료 표시를 하거나, 과제 그림 위에 종료를 나타내는 표시를 붙이거나, 일과표를 뒤집어 놓거나, 완료한 과제의 그림을 완료 상자 또는 봉투에 넣거나, 타이머 또는 모래시계 등을 활용할 수 있음

대기(기다림) 지원	• 대기 상황에서 요구되는 시간 정보와 대기 활동이 주어지면 구체적으로 일정 시간 동안 특정 활동을 하면서 기다릴 수 있게 해줌 예 헤드폰으로 음악 듣기, 그림책 보기, 퍼즐 맞추기 등 • 대기 행동은 요구되는 상황에 따라 구체적인 행동이 다르고 복잡하므로, 각 상황에 적용되는 행동을 학습할 수 있는 기회를 제공해야 함
시간변화 수용 전략	• 주간 또는 그날의 사건에 관한 구체적인 정보가 시각적 지원과 함께 주어지면 단지 구어적 설명만 주어졌을 때보다 더 쉽게 변화에 대해 설명할 수 있음 • 예를 들어, 학급 시간표를 담당 교과교사의 사정으로 불가피하게 변경해야 하는 경우, 학생에게 미리 변경 시간표를 제시해 변화를 미리 알게 해주면, 학생은 변화에 대해 불안해 하면서도 스스로 조절할 수 있을 정도의 불안을 가지고 변화를 수용할 수 있게 될 것임

더 알아보기 **시각구조 확립(Heflin & Alaimo)**

• **활동에 걸리는 시간**: 그 활동이 얼마나 오랫동안 지속되어야 하는지 알려줌
• **활동의 변화**: 프리맥 원리, 높은 수준의 에너지와 노력을 요구하는 활동 다음에 더 적은 에너지와 노력을 요하는 활동이 따라오도록 배치함, 행동타성의 활용
• **활동들의 묘사**: 시간 일정은 반드시 시각적 방식으로 표현함
• **시작하기와 끝내기 가르치기**: 활동들의 시작과 끝을 분명하게 전달함
• **전환**: 하나의 활동에서 다음 활동으로 옮겨갈 때 신호를 주어 예측 가능성을 촉진함

---

④ 장점 : _____

⑤ 시간의 구조 지도방법

  ㉠ 예측 가능한 일정 설정 → 일과에 익숙해질 때까지 일관성 유지

  ㉡ 예측할 수 없는 변화에 대한 교수

    • _____

    • 앞으로의 변화를 미리 알려주는 _____ 자료를 활용해 정보를 미리 제공함으로써 변화에 유연하게 적응하는 것을 도움

---

(2) **시각적 일과표**

① 개념

  ㉠ 시간의 구조화를 확립하는 대표적인 방법

  ㉡ 하루의 한 부분, 하루 전체 등 일정에 대한 대표적인 시각적 지원

② 장점 : _____

③ 특징

  ㉠ 요구와 강점에 근거해 개발

  ㉡ 상징의 유형 결정

  ㉢ '완료' 칸

  ㉣ 개별 시간표 제공

  ㉤ 공간적 지원과 시간적 지원을 함께 제공

  ㉥ 장소에 대한 정보 제공

④ 유형

범위	• **활동 간 일과표**: 활동의 순서를 제시 • **활동 내 일과표**: 하나의 과제 수행을 위한 단위행동의 순서를 제시
일정표	• **일일(daily) 일정표**: 하루의 활동 순서를 알려주는 표로, 일정의 시간적 순서에 따라 시간·활동(과목)·장소에 대한 정보 제공 • **미니 일정표**: 일일 일정표 내의 특정 활동(과목)을 대상으로 그 활동에서 이루어지는 과제들의 순서를 알려주는 표 • **작업 일정표**: 미니 일정표 내의 특정 과제를 대상으로 그 과제를 완수하는 데 필요한 단위행동들의 순서를 알려주는 표(해당 과제에 대한 과제분석 또는 과제조직자)

---

3. 절차적 지원

① **절차적 지원**: 활동 단계 간의 관계 또는 사물과 사람과의 관계를 조직하기 위해 사용되는 지원

② 유형: 일과 조성, 선택기회 제공

4. 사회적 지원

┌ **개념**
│
└ **방법** ┬ 교사의 역할
        └ 또래의 역할

① **교사의 역할**: 반응적 상호작용 전략

② **또래의 역할**: 또래 모델링, 또래 교수 등

03 학습 지원

┌ **미리 보여주기**
├ **도해조직자 활용하기**
└ **두문자어 사용하기**

① **미리 보여주기**: 수업 전 수업내용에 대한 정보를 아동에게 제공하는 것으로, 수업에 사용될 자료를 수업 전에 보여주어 검토하게 함으로써 아동으로 하여금 수업 중 무엇을 하게 될 것인지를 알게 하는 것

② **도해조직자 활용하기**: ＿＿＿＿＿＿＿＿＿＿＿＿＿＿＿
   도해조직자

③ **두문자어 사용하기**: 머리글자로 된 말

형성평가

07 자폐성장애 학생에게 구조화된 교수를 제공하는 목적을 쓰시오.

08 혼자만의 공간 설정의 목적을 쓰고, 해당 공간 설정 시 유의할 점을 쓰시오.

09 예측 가능한 시간의 구조를 확립한 후, 점차 예측할 수 없는 일의 발생에 대한 이해를 지도하는 방법을 서술하시오.

10 일일 일정표와 작업 일정표에서 제공하는 정보를 각각 쓰시오.

11 활동 간 일과표와 활동 내 일과표에서 제공하는 정보를 각각 쓰시오.

12 시간적 지원을 위한 전략 4가지를 쓰고, 간략히 설명하시오.

13 시각적 일과표 제작 시 다음의 특성을 보이는 학생을 위한 지원방법을 서술하시오.

> ㉠ 활동 전환에 어려움
> ㉡ 활동이 이루어지는 장소가 어디인지 모름

2027 특수교사임용시험 대비

김은진
스페듀
합격노트

Vol. 1   의사소통장애   정서·행동장애   자폐범주성장애

초판인쇄 | 2026. 1. 8. **초판발행** | 2026. 1. 15. **편저자** | 김은진

발행인 | 박 용 **발행처** | (주)박문각출판 **표지디자인** | 박문각 디자인팀

등록 | 2015년 4월 29일 제2019-000137호 **주소** | 06654 서울시 서초구 효령로 283 서경빌딩

팩스 | (02)584-2927 **전화** | 교재문의 (02)6466-7202

저자와의
협의하에
인지생략

정가 11,000원
ISBN 979-11-7519-538-7   ISBN 979-11-7519-537-0(세트)